D1693573

Mit Wichtel Berti durch die Weihnachtszeit

24 Adventsgeschichten zur märchenhaften Wichteltür – Für jeden Tag eine Wichtel-Geschichte!

Autorin Ida Brunner

Einleitung

Die Adventszeit – sie hat ihren ganz eigenen Zauber. Überall in den Häusern leuchtet und glitzert es. Bunte Kugeln und kleine Sterne zieren Tannenzweige, Kerzen verbreiten wunderbares Licht. Es wird gebacken und gebastelt, gesungen, gelesen und erzählt.

Oh ja, es wird erzählt, viel erzählt. Denn es gibt eine Menge zauberhafter Geschichten, die auf magische Art und Weise mit der Weihnachtszeit verbunden sind. Nicht wenige dieser Geschichten handeln von wundersamen kleinen Wesen – Wichtel genannt. Jedes Jahr, pünktlich am ersten Dezember, halten sie in den Häusern und Wohnungen der Menschen Einzug. Dabei haben sie stets nur eines im Sinn: Sie möchten die Vorfreude der Menschen auf Weihnachten wecken. Und dafür legen sie sich mächtig ins Zeug.

Den Überlieferungen zufolge stammen die Wichtel aus Skandinavien. Doch auch hierzulande sind die kleinen freundlichen Männlein immer häufiger anzutreffen. Wobei: Halt, nein! Wirklich anzutreffen sind die Wichtel nicht. Im Gegenteil. Sie setzen alles daran, von den Menschen nicht gesehen zu werden. Ihre Arbeit verrichten sie daher meist in der Nacht, wenn die Familien, bei denen sie wohnen, tief und fest schlafen. Manchmal sind sie auch tagsüber aktiv. Aber nur dann, wenn wirklich niemand zu Hause ist.

Welche lustigen, spannenden, ja, einfach magischen Abenteuer so ein Wichtel bei den Menschen erlebt, genau davon erzählt dieses Buch. Und es gibt jede Menge zu erzählen. In insgesamt 24 Geschichten begleiten kleine und große (Vor-)Leser den liebenswürdigen Berti durch die Adventszeit: von seiner Ankunft im Haus der Familie Auermann, über nächtliche Back- und Bastelaktionen und witzige Streiche bis hin zum Weihnachtsabend, wenn es für Berti wieder heißt: Abschied nehmen.

Doch dazu später. An dieser Stelle sei jetzt noch nicht zu viel verraten …

Vorhang auf: Hier kommen die Hauptdarsteller!

Im Mittelpunkt dieser 24 zauberhaften Wichtelgeschichten steht Berti.

Er ist ein freundlicher und überaus sympathischer Wichtel. Berti hat in seinem Leben bereits zahlreiche Familien in der Weihnachtszeit begleitet. Im Umgang mit den Menschen verfügt er daher über jede Menge Erfahrung. Wie alt er genau ist, darüber schweigt Berti sich meist höflich aus. Am einfachsten ist es sicherlich, wenn man sagt: Berti ist ein Wichtel in den besten Jahren.

Wie die meisten Wichtel hat auch er seine rote Zipfelmütze tief in die Stirn gezogen. Auf seiner runden Nase sitzt eine kreisrunde Brille, sein buschiger weißer Bart verdeckt den Großteil seines Gesichtes. Am liebsten trägt Berti ein grünes Hemd über seiner braunen Hose. Braun ist auch sein breiter Gürtel. Bertis Markenzeichen sind seine gestreiften Socken. Die linke Socke ist grün-weiß geringelt, die rechte rot-weiß. Das macht ihn interessanter, findet er. Außerdem kann Berti sich so ganz einfach merken, welche Socke an welchen Fuß gehört. Bertis Lieblingsessen sind Erdnüsse und grüne Paprika.

Sarah und Max sind die Kinder von Familie Auermann. Sarah ist vier Jahre alt. Sie geht noch in den Kindergarten. Sie hat dunkle, wuschelige Locken, braune Augen und eine Brille – fast so rund wie die von Berti. Ihr Bruder Max ist sechs Jahre alt und bereits ein Schulkind. Auch er hat lockige Haare, auf seiner Nase tummeln sich jede Menge Sommersprossen. Die beiden Kinder sind fest von der Existenz der Wichtel überzeugt.

Klaus und Sabine Auermann sind die Eltern von Sarah und Max. Klaus Auermann ist Physikprofessor und wirkt immer ein bisschen zerstreut. Als Wissenschaftler glaubt er nicht an Wichtel und ihre Magie. Doch in diesem Jahr muss sich Herr Auermann dank Wichtel Berti eines Besseren belehren lassen.

Sabine Auermann ist Grafikerin von Beruf. Das hat den Vorteil, dass sie meist zu Hause am Computer arbeiten kann. Sie ist sehr kreativ und liebt es, mit ihren Kindern zu malen und zu basteln. Weil Sabine Auermann zur Arbeit nicht ins Büro fahren muss, hat sie auch Sarah und Max meistens gut im Blick. Und das kann bei so lebhaften Geschwistern garantiert nicht schaden …

Jetzt fehlt nur noch Wuschel. Er ist der Hund der Auermanns, eine lustige Promenadenmischung mit einer Vorliebe für Bratwürstchen. Dass Wuschel so viele verschiedene Hunderassen vereint, interessiert in der Familie niemanden. Denn Wuschel ist ein toller Kerl – lebhaft, neugierig und für die Kinder seit Jahren ein treuer Begleiter.

Inhaltsverzeichnis

1

Wie Eiersuchen im
Advent: Bertis Ankunft

"Siehst du was?", flüsterte Sarah. "Nein, ich sehe nichts. Du etwa?", antwortete Max genauso leise. "Nein, ich auch nicht. Wo bleibt er denn nur?" Sarah rutschte unruhig hin und her. Sie hockte in einer Ecke des Wohnzimmers und starrte die Wand an. Ihr Bruder saß neben ihr. Auch er ließ keinen Blick von der weißen Tapete.

"Sarah, Max!" Aus der Diele hörten die Kinder die Stimme ihrer Mutter. Mit raschen Schritten kam sie ins Wohnzimmer. Als sie die Geschwister in der Ecke hinter der Tür hocken sah, hob sie erstaunt die Augenbrauen. "Was macht ihr zwei denn da?" "Wir warten auf den Wichtel." Sarahs Stimme klang fast ein bisschen empört. So, als ob sie sagen wollte: Mama, wie konntest du das vergessen! "Ach ja, richtig." Auf dem Gesicht von Sabine Auermann erschien ein breites Lächeln. "Aber wir haben noch nicht den ersten Dezember. Der ist erst morgen. Und außerdem: Woher wollt ihr wissen, dass der Wichtel ausgerechnet in dieser Ecke seine Wohnung einrichtet? Er könnte sich doch auch eine ganz andere Stelle aussuchen." "Niemals!" Diesmal war es Max, der mit empörter Stimme sprach. "Im letzten und auch im vorletzten Jahr war die Wichteltür genau hier. Warum sollte es jetzt anders sein?" "Genau, warum?" Sarah war aufgestanden. Sie baute sich vor ihrer Mutter zu ihrer ganzen Größe von einem Meter und vier Zentimetern auf, stemmte ihre kleinen Arme in die Hüften und blickte sie herausfordernd an.

Die Mama konnte sich ihr Lachen nur mit Mühe verkneifen. Liebevoll strich sie ihrer Tochter mit der Hand durch die dunklen Locken. "Dieser Argumentation habe ich natürlich nichts entgegenzusetzen. Trotzdem müsst ihr euren Wachposten jetzt verlassen. Es ist schon spät und ihr müsst ins Bett." "Nein, bitte Mama, noch nicht jetzt." Auch Max war aufgestanden und stellte sich demonstrativ neben seine Schwester. "Morgen ist Samstag, wir müssen doch gar nicht früh aufstehen!" Doch das Quengeln half nichts. Außerdem hatte jetzt die Mama das bessere Argument. "Selbst wenn der Wichtel in dieser Zimmerecke einzieht: Er wird warten, bis ihr weg seid. Er möchte doch nicht von euch gesehen werden. Das wisst ihr beiden Wichtelkenner doch am besten, oder?" Dem war nichts hinzuzufügen. Widerwillig verließen Sarah und Max das Wohnzimmer und machten sich fertig zum Schlafengehen.

Zwei Stunden später wurde es still im Haus. Auch die Eltern waren ins Bett gegangen, Hund Wuschel schnarchte friedlich in seinem Körbchen neben der Haustür. "Puhhh", aus der Dunkelheit des Wohnzimmers ertönte ein leiser Seufzer. Er kam allerdings aus einer ganz anderen Ecke als dort, wo Sarah und Max noch am Abend gesessen hatten. Ganz hinten rechts neben dem großen Fenster zum Garten bewegte sich etwas. Ein kleines Licht leuchtete auf. Im Schein einer Laterne war ein winziges Wesen zu erkennen. Seine rote Zipfelmütze hing tief in die Augen, der weiße Bart verdeckte fast sein gesamtes Gesicht. Wichtel Berti war angekommen.

Berti war gerne pünktlich. Bereits seit Stunden hatte er sich im Wohnzimmer von Familie Auermann aufgehalten. Gut versteckt, selbstverständlich, denn er wollte ja nicht gesehen werden. Jetzt endlich hatte er Zeit, in Ruhe seine neue Wohnung einzurichten. Er kannte die Auermanns noch nicht persönlich. Denn Wichtel sollten jedes Jahr eine andere Familie besuchen. Aber von seinen Freunden hatte er schon viel über Max und Sarah und ihre Eltern Sabine und Klaus gehört. Er freute sich auf die kommenden Wochen.

Berti hatte sein Gepäck abgestellt und leuchtete die Ecke hinten am Fenster aus. Hier wollte er sein Quartier aufschlagen – nicht vorne direkt hinter der Wohnzimmertür. Hier hinten am Fenster hatte er alles im Blick und es war auch viel gemütlicher, fand Berti. In dieser Ecke kamen tagsüber sicher nicht so viele Menschen vorbei. Und auch Wuschel würde hoffentlich nicht so oft seine neugierige Hundenase durchs Fenster strecken. Schließlich wollte Berti tagsüber sein verdientes Nickerchen halten.

Der Wichtel atmete noch einmal tief durch, spuckte in seine kleinen runzeligen Hände und legte los. Selbst, wenn man über magische Kräfte verfügte, so wie er, wartete jede Menge Arbeit auf ihn. Eine komplette Wohnung einrichten – das ging nicht von jetzt auf gleich. Auch ein erfahrener Wichtel wie Berti benötigte dafür die eine oder andere Stunde.

Bevor der Morgen dämmerte, hatte Berti es geschafft. Zufrieden blickte er sich um. Sein kleines Schlafzimmer war fertig, die Wohnküche eingerichtet und vor dem Fenster hingen lustige, grün-weiß karierte Vorhänge. Berti war so fleißig gewesen, dass er sogar noch seine kleine Bank vor der Tür hatte aufstellen können. Jetzt war er müde und ließ sich auf sein Bett plumpsen. Als er sich seine kuschelige Decke bis zu den Ohren hochzog, dachte er noch einen Moment nach: Was wohl die Kinder sagen würden, wenn sie bemerkten, dass sich die Wichteltür in diesem Jahr an einer anderen Stelle befand? "Das wird wie Ostereiersuchen im Advent." Berti kicherte leise. Welch ein Spaß! Hoffentlich verschlief er den großen Augenblick nicht ...

2

Wuschel hat den richtigen Riecher

Noch herrschte Stille im Haus. Doch das änderte sich von einem Moment zum anderen. Erst knallte eine Zimmertür im Obergeschoss, dann waren rasche Schritte auf der Treppe zu hören. Nur Sekunden später fiel eine zweite Tür lautstark ins Schloss und wieder näherten sich Schritte auf der Treppe. Diesmal lauter und polternder. "Warte auf mich, Sarah!" Diese Stimme gehörte eindeutig Max. "Wir hatten ausgemacht, dass wir zusammen nach der Wichteltür gucken!" Fast zeitgleich erreichten die Kinder das Erdgeschoss. Vor der geschlossenen Wohnzimmertür blieben sie einen Moment stehen und blickten sich an. Beide schnauften vor Aufregung. "Sollen wir?", fragte Max seine Schwester. Das kleine Mädchen nickte. Dann drückte sie vorsichtig die Klinke herunter und öffnete die Tür. Max tastete nach dem Lichtschalter an der Wand und schaltete das Licht an.

Vorsichtig blickten die Kinder hinter die Tür, ihre Augen richteten sich auf den Boden. Doch sie fanden nicht das, was sie erwartet hatten. Die Enttäuschung war den Kindern ins Gesicht geschrieben. "Aber das kann doch nicht sein." Max war ratlos. In den letzten beiden Wintern war die Wichteltür genau hier in der Ecke aufgetaucht. Warum jetzt nicht? Hatten sie etwas falsch gemacht, hatten sie den Wichtel verärgert? "Nein, ganz bestimmt nicht", murmelte Max. Oder hatte die Mama recht gehabt und die Wohnung des Wichtels war diesmal an einer ganz anderen Stelle? Er legte tröstend den Arm um die Schultern seiner Schwester und wollte ihr gerade vorschlagen, woanders zu suchen. Da näherten sich zwei weitere Stimmen.

"Ach, hier seid ihr." Klaus Auermann war noch ganz verschlafen. In seinem gestreiften Pyjama und mit den verstrubbelten Haaren sah er noch zerstreuter aus als sonst. Hinter ihm tauchte seine Frau auf. Auch sie war noch nicht wirklich wach. "Was ist denn los mit euch? Ihr seht ja so traurig aus. So kenne ich euch ja gar nicht – am ersten Dezembermorgen …" "Die Wichteltür ist nicht da", seufzte Sarah. "Was heißt: Sie ist nicht da?" Jetzt lugte auch die Mama in die Ecke hinter der Tür. "Ja, richtig. Da ist sie nicht. Aber habt ihr denn schon mal woanders nachgeschaut?" Sarah schüttelte den Kopf und Max sagte: "Das wollte ich Sarah gerade vorschlagen." "Na also", beruhigte die Mama ihre beiden Sprösslinge. "Nur, weil die Tür nicht an derselben Stelle ist wie sonst, heißt das doch nicht, dass der Wichtel gar nicht da ist. Dann müsst ihr halt mal ein bisschen suchen." "Das machen wir!" Max sah schon gleich viel weniger enttäuscht aus. Und auch Sarah schöpfte Hoffnung. "Komm, Max." Das Mädchen zog ihren Bruder am Ärmel seines Schlafanzuges aus dem Zimmer. Dann hörte man sie tuscheln und die Kinder entfernten sich. Offensichtlich wollten sie mit der Suche in der Küche beginnen.

"Ach, so eine Aufregung am frühen Morgen." Papa Klaus gähnte herzhaft. "Und das alles nur wegen eurer Wichtel-Geschichten." "Was heißt denn hier: eure Wichtel-Geschichten?" Prüfend blickte die Mama ihren Mann an. "Du hast die Wichteltüren in den letzten Jahren doch auch immer gesehen." "Ja, klar." Papa lächelte. "Es ist toll, wie du dir immer Mühe gibst, den Kindern diese Wichtelsache glaubhaft zu machen." "Wie bitte?" Sabine Auermann schaute verdutzt. "Du glaubst doch nicht etwa, dass ich ...?!" "Ja klar, wer denn sonst?", fragte der Papa. "Echte Wichtel werden das nun kaum gewesen sein." Mama schüttelte nur den Kopf: "Naja, wenn du meinst. Ich hoffe nur, unsere Wichtel bemerken nicht eines Tages, dass du ihre Existenz anzweifelst." "Komm, jetzt ist gut, Schatz. Nicht übertreiben", entgegnete der Papa. "Lass uns Frühstück machen."

Max und Sarah rumorten immer noch im Haus herum. Zwischenzeitlich waren sie im Obergeschoss gewesen, um nachzugucken, ob der Wichtel sich in diesem Jahr dort eingenistet hatte. Doch auch in der oberen Etage hatten sie keinen Erfolg. "Das gibt's doch gar nicht." Ein ratloser Max und eine noch ratlosere Sarah kamen zu den Eltern in die Küche. "Wir finden sie einfach nicht."

In diesem Moment huschte Wuschel an der versammelten Familie vorbei. Der struppige Mischlingshund hatte die Suchaktion die ganze Zeit über von seinem gemütlichen Körbchen aus verfolgt. Jetzt war er aufgesprungen und lief zielsicher ins Wohnzimmer. Längst hatte er gespürt, dass im Wohnzimmer etwas anders war als sonst. Die Nase auf dem Boden tapste er geradewegs auf das große Fenster zu. In der Ecke neben dem langen Vorhang blieb er stehen und bellte.

"Hey, Wuschel, alter Freund. Was ist denn los?" Die Mama kam aus der Küche und steckte ihren Kopf ins Wohnzimmer. Als sie den Familienhund entdeckte, fiel bei ihr der Groschen. "Kinder!", rief sie laut. "Ich glaube, unser Wuschel hat da etwas für euch entdeckt!" Max und Sarah stürmten gleichzeitig aus der Küche. Beinahe wären sie noch übereinander gepurzelt, so eilig hatten sie es, ins Wohnzimmer zu kommen.

Als sie Wuschel erreicht hatten, blieben sie wie angewurzelt stehen. "Oh, schau mal, Sarah, da ist sie!", sagte Max. "Die Wichteltür!" Sarah quietschte laut auf vor Begeisterung. Sie ließ sich auf die Knie fallen und blickte andächtig in die Wohnzimmerecke. Jetzt kamen auch Mama und Papa heran. Die Mutter nahm den aufgeregten Wuschel vorsichtig am Halsband und zog ihn etwas zurück. "Achtung, Junge, du ramponierst sonst noch den Hauseingang", lachte sie leise. Dann musterte auch sie die Zimmerecke.

Der neue Untermieter musste eine Vorliebe für Dunkelgrün besitzen. Denn Grün war die Farbe der Wichteltür. Grün waren auch die kleine Leiter, die daneben lehnte, und die winzige Bank. "Ist das nicht wunderschön", flüsterte Sarah. "Schaut mal. Da sind sogar Vorhänge hinter dem Fenster." Max nickte nur. Ihm fehlten die Worte. "Seht ihr, der Wichtel hat euch nicht vergessen", sagte die Mama. Und wie zur Bestätigung bellte Wuschel noch einmal laut. Gerade so als wollte er sagen: "Wenn ihr mich nicht hättet!"

Ebenso fasziniert wie die Familie vor der Tür, war auch Berti dahinter. Er hatte fest geschlafen, doch von Wuschels Gebell war er rechtzeitig wach geworden. Zum Glück, dachte der Wichtel, während er ganz vorsichtig durch ein winziges Guckloch in der Tür nach draußen spähte. Es wäre wirklich schade gewesen, wenn er diese Gesichter verpasst hätte. "Dafür bekommst du von mir morgen ein extra dickes Stück Wurst", kicherte Berti leise vor sich hin. Die Überraschung war ihm gelungen.

3

Von Erdnüssen und
Wichtelkeksen

Sarah und Max hatten den Samstagnachmittag draußen verbracht. Als es langsam dunkel wurde, gingen sie nach Hause. Die Mama versorgte ihre Sprösslinge mit heißer Schokolade und frisch gebackenen Rosinenbrötchen. Satt und zufrieden machten die beiden es sich danach im Wohnzimmer gemütlich. Der Papa saß in seinem Lieblingssessel und las die Tageszeitung. Neben ihm auf dem Glastisch stand eine Schale mit Erdnüssen. Ab und zu griff der Papa hinein und schob sich ein paar Nüsse in den Mund.

Sarahs Blick wanderte immer wieder zur Wichteltür. "Du brauchst gar nicht gucken", sagte Max. "Solange wir wach sind, passiert nichts. Bestimmt schläft der Wichtel noch." "Das weiß ich doch", antwortete Sarah – und guckte weiter. "Du, Max, sag mal, was essen Wichtel eigentlich gerne? Ob die auch Rosinenbrötchen mögen, so wie wir?" "Hm, keine Ahnung", antwortete Max und zuckte mit den Schultern. "Na, solange sie mir nicht meine Erdnüsse wegfuttern", mischte sich da der Papa lachend in das Gespräch ein. "Aber die wären eurem Wichtel wahrscheinlich sowieso viel zu salzig."

Sarah warf ihrem Vater einen bösen Blick zu. Sie wusste, dass er den Wichtelzauber nicht ernst nehmen konnte. Max dachte immer noch über die Frage seiner Schwester nach. "Es ist ja eigentlich auch egal, was sie gerne mögen. Wichtel haben doch Zauberkräfte. Die können sich bestimmt immer alles sofort herbeizaubern, was sie essen wollen." "Echt? Meinst du wirklich?" Sarah bekam ganz große Augen. Sie stellte sich vor, wie das wohl wäre, wenn sie sich fünfmal täglich Rosinenbrötchen, Schokolade oder eine Pizza auf den Teller zaubern könnte. Eine tolle Vorstellung.

"Ich weiß es ja nicht genau, es war nur so eine Idee." Max rutschte vom Sofa und kniete sich vor den Eingang der Wichtelwohnung. Sarah setzte sich neben ihn. Und wieder starrten beide auf die Tür. "Na, kommt ihr zwei, lasst den Wichtel jetzt mal in Ruhe." Die Kinder hatten nicht bemerkt, dass auf einmal die Mama hinter ihnen stand. "Ihr könnt nach oben gehen und noch etwas spielen. Wenn ihr ständig auf die Tür starrt, bekommt unser Gast nachher noch Angst und traut sich heute Nacht gar nicht mehr heraus", lachte sie. Widerwillig standen Sarah und Max auf. "Mama, wir haben überlegt, was der Wichtel wohl gerne isst. Ob er Rosinenbrötchen mag?" Auch Sabine Auermann hatte auf die Frage keine Antwort. "Er ist ja gerade erst eingezogen. Vielleicht finden wir das noch heraus", ermunterte sie ihre Tochter und schob sie dann zusammen mit Max energisch Richtung Tür. Wie schnell die Familie Genaueres über Bertis Vorlieben erfahren sollte, das konnte die Mama in diesem Moment noch nicht ahnen.

Zwei Stunden später stand Sarah im Badezimmer und putzte sich die Zähne. Während sie energisch in ihrem Mund herumschrubbte, hatte sie eine Idee. Rasch spülte sie den Mund aus und sauste zu ihrem Bruder ins Zimmer. "Max, ich hab's. Ich weiß, wie wir das herausbekommen!" "Was herausbekommen?", fragte Max. Er wusste nicht sofort, was seine Schwester von ihm wollte. "Na, ob der Wichtel Rosinenbrötchen mag!" "Und wie willst du das herausbekommen?" "Ganz einfach. Ich lege ihm gleich ein Stückchen vor die Tür. Und wenn das Stück Brötchen morgen weg ist, dann wissen wir es ja." "Gute Idee." Max nickte.

Sarah lief in die Küche, nahm einen Teller und legte ein Stück Rosinenbrötchen darauf. Dann ging sie ins Wohnzimmer, um gute Nacht zu sagen. Sie zeigte ihrer Mutter den Teller und bat um Erlaubnis, ihn vor die Wichteltür stellen zu dürfen. Mama hatte nichts dagegen. Der Papa nutzte die Gelegenheit, um sofort wieder einen Spaß zu machen. "Rosinenbrötchen sind in Ordnung. Aber nicht meine Erdnüsse", scherzte er. Doch ehe er sich versah, griff seine Tochter in die Schale mit den Erdnüssen, mopste sich ein paar heraus und legte sie mit auf den Teller. "Eine gute Idee, Papa", lächelte sie. "Vielleicht isst der Wichtel ja gar nicht gerne Süßes."

Der Papa war einen Moment lang sprachlos. Dann schüttelte er den Kopf und sagte: "Kinder, Kinder …" Aber Sarah war zufrieden. Sie stellte den Teller direkt neben die kleine Tür. So konnte der Wichtel ihn nicht übersehen, wenn er die Wohnung verließ.

Als Berti spät in der Nacht seine Tür öffnete, war es stockdunkel im Zimmer. Mit der Laterne in der Hand kletterte er die kleine Leiter hinunter. Von Sarahs Brötchen-Service hatte er nichts mitbekommen.

Als er unten ankam und den linken Fuß auf den Boden setzen wollte, erwischte er den Tellerrand. Berti erschrak und zog den Fuß zurück. Es schepperte ein wenig. Der Wichtel erstarrte. Hoffentlich hatte das Geräusch den Hund nicht geweckt! Aber nein, es blieb still im Haus.

Berti seufzte erleichtert und zündete seine Laterne an. Im Lichtschein entdeckte er den Teller. "Wunderprächtig!", murmelte der Wichtel erfreut. Dem süßen Brötchen konnte er nicht sehr viel abgewinnen – aber Erdnüsse, die mochte er gerne! Obwohl er gerade erst gefrühstückt hatte, konnte er nicht widerstehen. Er musste die Nüsse einfach probieren. Dass diese gesalzen waren, störte ihn nicht. "Hm, köstlich! Sehr gute Röstung", befand Berti. Es dauerte nicht lange, da hatte er alle Erdnüsse auf dem Teller aufgegessen. Zufrieden rieb er sich sein Bäuchlein. "Na, das fängt ja gut an. Wenn ich hier weiter so versorgt werde, muss ich spätestens Weihnachten den Gürtel zwei Löcher weiter schnallen", kicherte er.

Dann dachte er nach. Ursprünglich stand das Keksebacken erst für übermorgen auf dem Programm. Da er von der Familie jedoch so großzügig beschenkt worden war, wollte er sich gleich erkenntlich zeigen. Berti schnappte sich seine Laterne und kletterte wieder nach oben. In seiner Küche suchte er alle Zutaten zusammen und begann seine leckersten Wichtelkekse zu backen. Ganze sechs große Dosen voll schaffte er bis zum Morgengrauen. Zum Schluss kletterte er noch einmal die Leiter herunter und legte vier liebevoll verzierte Kekse neben das Rosinenbrötchen auf den Teller. "Lasst es euch schmecken, Kinder", lächelte Berti, "und natürlich dürft ihr mir auch gerne wieder Erdnüsse dalassen ..."

4

Die Mütze an der Angel

"Hm, die waren lecker!" Max schob sich genüsslich die letzten Kekskrümel in den Mund. "Ja, super lecker!", stimmte seine Schwester mit ein. "Die schmecken richtig nach Weihnachten." Der Papa schaute seine Tochter an: "Wie schmeckt denn Weihnachten?", fragte er interessiert. Sarah war um keine Antwort verlegen. "Na, so wie diese Wichtelkekse eben", antwortete sie schlagfertig. "Und wenn wir nett zu unserem Wichtel sind, dann schenkt er uns vielleicht noch ein paar davon."

Familie Auermann saß beim späten Sonntagsfrühstück. Sarah und Max waren bester Laune. Nicht nur, weil sie heute Morgen die erste Kerze am Adventskranz anzünden durften. Jetzt wussten sie endlich auch, was der Wichtel gerne aß: Erdnüsse, keine Rosinenbrötchen. Und natürlich hatten sie sich wahnsinnig über die Kekse gefreut. Dass der Papa das Gebäck auf dem Teller einmal mehr für eine Geheimaktion seiner Frau hielt, störte die Kinder nicht. Sie wussten es besser.

Die Mama schaute auf die Uhr. "Oh, ist es schon so spät?" Sie sprang von ihrem Stuhl auf. "Kommt, beeilt euch. Wir wollen doch gleich die Oma besuchen. Stellt bitte nur die Butter und den Käse in den Kühlschrank. Wir räumen auf, wenn wir heute Nachmittag wieder da sind."

20 Minuten später saß die Familie bereits im Auto. Auch Wuschel durfte mit. Oma Hildegard hatte nämlich ein großes Herz – nicht nur für ihre Enkel, sondern auch für Hunde.

Es musste an der ungewöhnlichen Stille gelegen haben, dass Berti viel früher wach wurde als sonst. Vorsichtig steckte er die Nase durch die Gardine. Als er im Wohnzimmer niemanden entdecken konnte, öffnete er seine Tür einen Spalt breit. Nichts, er hörte gar nichts. Ganz leise stieg er die Leiter hinunter und begann, sich im Haus umzuschauen. Alle ausgeflogen, niemand da, stellte er fest. In der Küche bemerkte er die Unordnung auf dem Esstisch. "Da hatte es die Familie aber sehr eilig", sagte Berti und schüttelte den Kopf. Dann gähnte er herzhaft. Er war noch müde, viel geschlafen hatte er nach seiner nächtlichen Backaktion nicht. Aber Wichtel nahmen nun einmal jede Gelegenheit wahr, um sich bei ihrer Familie nützlich zu machen. Meistens in der Nacht, gelegentlich aber auch tagsüber – wenn niemand zu Hause war. So wie jetzt.

Berti krempelte die Ärmel hoch. Sein Nickerchen musste er wohl auf später verschieben. Er wollte die Küche aufräumen. Das freute die Familie bestimmt. Denn dann hatte sie heute Nachmittag mehr Zeit, gemütlich den ersten Advent zu feiern.

So rasch es ging, stellte Berti die Teller zusammen. Das war gar nicht so einfach, aber so ein Wichtel hat mehr Kraft als es im ersten Moment scheint. Auch mit Spülmaschinen kannte sich Berti inzwischen bestens aus. Oft genug hatte er im Laufe seines Lebens bereits Teller und Tassen ein- und ausgeräumt. "Eine sehr praktische Erfindung", fand Berti, während er sich geschickt an die Klappe der Spülmaschine hängte und auf diese Weise nach unten zog. "So etwas bräuchten wir auch. Das Spülen mit der Hand ist doch sehr lästig." Er beschloss, dieses Thema bei der nächsten großen Wichtelbesprechung nach Weihnachten auf die Tagesordnung zu bringen.

Ruckzuck verschwanden das benutzte Besteck und das Porzellan im Geschirrspüler. Mit dem feuchten Lappen noch einmal über den Tisch gewischt – fertig. Berti stemmte seine Arme in die Hüften und schaute sich zufrieden um. Das hatte er gut gemacht. Sein Blick fiel auf die Spüle. Dort lagen noch Krümel und klebrig schien das Ablaufbrett auch zu sein. Berti schnappte sich den Lappen und kletterte hinauf zum Waschbecken. Er wischte und polierte, bis der Wasserhahn glänzte. Vorsichtig lugte er über den Rand ins Spülbecken hinein. War alles sauber oder lagen hier noch vergessene Löffel oder Messer?

Hatte Berti sich zu weit über den Rand gebeugt? Oder war er zu müde gewesen und hatte nicht bemerkt, dass seine Wichtelmütze nicht richtig auf dem Kopf saß? Zu spät erkannte Berti, dass seine Kopfbedeckung ins Rutschen geriet. Er versuchte noch, sie festzuhalten. Aber es gelang ihm nicht, sonst wäre er selbst ins Spülbecken geplumpst. "So ein Wichtelmist!", fluchte Berti und raufte sich die Haare. Er stand oben auf der Spüle und blickte auf seine kleine Mütze, die im Becken lag.

Einfach hinterherrutschen, das traute er sich nicht. Die Wände des Spülbeckens waren aus Edelstahl und ziemlich glatt. Da kam er alleine sicher nicht mehr hoch. Und er wollte doch nicht von den Menschen entdeckt werden! Aber ohne seine Mütze wollte er auch nicht gehen. Auf gar keinen Fall! Berti schaute sich in der Küche um. In seinem Kopf ratterte es. Er brauchte etwas Langes, Dünnes – wie eine Angel, mit der er seine Mütze aus dem Waschbecken fischen konnte. Ein Pfannenwender oder eine Suppenkelle kamen nicht in Frage. Die waren zu groß und zu schwer.

Da entdeckte Berti das Glas mit den Spaghetti. Dekorativ stand es neben den Vorratsdosen für Mehl und Haferflocken. Es war mit einem Deckel verschlossen. "Ja, das müsste gehen!", dachte Berti. Vorsichtig kletterte er auf die Dose mit den Haferflocken. Von hier aus erreichte er den Deckel des Nudelglases. Er hob den Verschluss etwas ab und zog vorsichtig eine der Spaghetti heraus. Dann verschloss er das Glas wieder und balancierte mit der langen, dünnen Nudel hinüber zum Waschbecken.

Vom Rand der Spüle aus ließ er die Nudel langsam hinunter. Jetzt musste er nur noch die Öffnung der Mütze erwischen. Dann konnte er die Nudel hineinschieben und die Mütze so nach oben heben. Das war allerdings gar nicht so leicht. Ständig rutschte die Nudel wieder aus der Mütze. Berti wurde unruhig. Er musste sich wirklich beeilen! Da, endlich! Dieses Mal hatte der kleine Mann Glück. Die Nudel saß fest in der Mütze. Langsam, ganz langsam hob er die Spaghetti an und zog sie dann Stück für Stück zu sich heran. Zum Schluss ergriff er seine Mütze und ließ sich erschöpft auf der Spüle nieder. So eine Aufregung am ersten Advent!

Berti setzte sich die Mütze wieder auf und balancierte mit der Nudel zurück zum Spaghettiglas. Ebenso, wie er sie herausgeholt hatte, verstaute er sie auch wieder. Dann machte er sich auf den Weg zurück in seine Wohnung. Als er die Tür hinter sich geschlossen hatte, atmete er tief durch. "Puh, das war knapp", sagte Berti. Aber immerhin, er hatte noch Glück im Unglück gehabt. „Was wäre gewesen, wenn mir nicht die Mütze vom Kopf, sondern die Brille von der Nase gerutscht wäre? Dann hätte ich gar nicht mehr richtig gucken können. Das wäre viel schlimmer gewesen!"

Aber jetzt wollte er sich erst einmal wieder aufs Ohr legen. Das Nickerchen hatte er sich wirklich verdient!

5

Berti bastelt mit

"Verflixt! Das wird einfach nichts!" Max war sauer. Seit fast einer Stunde saß er an seinem Schreibtisch und bastelte. Das Hantieren mit Pappe, Papier, Schere und Kleber gehörte nicht gerade zu seinen Lieblingsbeschäftigungen. Doch diesmal war es eine Hausaufgabe für die Schule. Und da kam er nun einmal nicht drum herum.

"Was schimpfst du denn so?" Sarah öffnete die Zimmertür und steckte ihren Kopf durch den Spalt. "Das ist alles Käse hier", meckerte Max. Seine Schwester kam heran und schaute auf das Durcheinander auf dem Schreibtisch. "Was wird das?" Sarahs Frage machte die Situation nicht besser. "Siehst du, du erkennst es auch nicht." Bockig verschränkte der Junge die Arme vor der Brust.

"Was ist hier denn los?" Die Mama kam herein. "Max ist sauer. Das Basteln klappt nicht", erklärte Sarah. Sabine Auermann blickte erst auf den Schreibtisch, dann ihren Sohn an. "Jetzt erzähl doch mal, Max, was sollt ihr denn eigentlich machen?" Und Max erzählte. Kleine Krippenfiguren aus Pappe oder festem Papier sollten es werden. Doch nicht nur, dass Maria und Josef, die Hirten und der Esel einfach nicht so aussahen, wie Max sich das vorstellte. Die Figuren hielten nicht richtig, wenn der Junge sie auf der Unterlage festkleben wollte. Ständig kippten sie wieder um.

"Bis wann musst du die Figuren fertig haben?", fragte Mama. "Bis Donnerstag", antwortete Max. "Na, siehst du. Dann hast du noch zwei Tage Zeit. Und jetzt machst du erst einmal eine Pause. Das bringt doch gar nichts, wenn du dich immer weiter in die Aufgabe verbeißt."

"Weißt du was", fuhr sie fort: "Spiel ein bisschen und nachher schauen wir uns das zusammen an. Vielleicht hast du dann ja eine Idee, wie es besser klappt." "Gut, so machen wir das." Max war erleichtert. Eine Pause, das klang prima. Fußball spielen konnte er stundenlang. Aber basteln, nein, das war nichts für ihn. Er ging ins Badezimmer, um sich als Erstes den ganzen Klebstoff von den Fingern zu waschen.

Am späten Nachmittag hatte sich Max' Laune deutlich gebessert. Jetzt war er bereit, sich sein Bastelprojekt noch einmal in Ruhe anzuschauen.

Zusammen mit Sarah und seiner Mutter betrachtete er seine Krippenfiguren. "Also, die Figuren finde ich völlig in Ordnung", sagte die Mama mit einem prüfenden Blick. "Sie sehen jetzt nur nicht so gut aus, weil sie voll Kleber geschmiert sind." "Der Josef guckt so grimmig. Die Hirten auch", stellte Sarah fest. "Außerdem hat der Esel zu kurze Beine."

Nach kurzer Diskussion beschloss Max, die Figuren neu zu malen und auszuschneiden – mit freundlichen Gesichtern. Und der Esel sollte längere Beine bekommen. Damit die Figuren auf der Unterlage besseren Halt hatten, schnitt er die Pappe unter den Füßen etwas großzügiger aus. Diesen Rand konnte er umknicken und darauf den Kleber verteilen. So hielten sie besser. Das war Papas Idee gewesen. Als die Mama zum Abendessen rief, waren die neuen Figuren bereits fertig. Max war zufrieden. "Das Aufkleben mache ich morgen", sagte er zu sich selbst. Für heute war Feierabend.

Als die Kinder längst im Bett lagen, saßen die Eltern noch im Wohnzimmer. Sie unterhielten sich über den Bastelauftrag von Max. "Ich fand das für eine erste Klasse schon ziemlich anspruchsvoll, was die Kinder da machen sollten", sagte die Mama. "Das macht doch nichts", antwortete der Papa. "Ich konnte auch nie gut basteln. Aber jetzt weiß Max, wie er es hinbekommt. Und er macht es so gut wie er es kann. Das sollte reichen. Und fertig." Damit war das Thema für die beiden erledigt.

Berti hatte der Unterhaltung interessiert zugehört. Er saß in seiner gemütlichen Wohnküche und schlürfte seinen Wichteltee – eine Spezialmischung mit ausgesuchten Kräutern. Köstlich! Die Sache mit der Bastelaktion machte ihn neugierig. Das musste er sich unbedingt anschauen. Vielleicht konnte er dem Jungen ein bisschen helfen.

Als es still geworden war im Haus, schlich Berti aus seiner Wohnung. Auf dem Rücken trug er einen kleinen Rucksack, in einer Hand seine Laterne. Was er vorhatte, war nicht ganz unproblematisch. Denn dafür musste er nicht nur unbemerkt ins Obergeschoss gelangen. Er musste auch aufpassen, dass Max nicht wach wurde, während er in seinem Zimmer war.

Der Weg in die erste Etage verlief ohne Zwischenfälle. Wuschel schnarchte laut und bemerkte nicht, dass Berti an ihm vorbei die Treppenstufen erklomm. Auf Zehenspitzen schlich der Wichtel in Max' Zimmer. Die Tür war zum Glück nur angelehnt.

Berti kletterte auf den Schreibtisch, stellte seine Laterne ab und betrachtete im Lichtschein die Krippenfiguren. Die sehen doch wirklich gut aus, dachte er. Auch die Klebekanten hatte der Junge schon umgeknickt. Jetzt mussten die Figuren nur noch auf der Unterlage befestigt werden. Berti setzte seinen Rucksack ab, griff hinein und zog eine Tube heraus. Sein Wichtel-Spezialkleber! Der pappte wirklich alles zusammen

Vorsichtig bestrich Berti die Klebekanten der Pappfiguren und setzte sie dann auf die Unterlage. Er achtete darauf, dass die Figuren auch gerade standen. Maria und Josef kamen in die Mitte. Hirten, Schafe und der Esel wurden drum herum platziert.

Als er fertig war, verschloss Berti sorgfältig den Kleber und steckte ihn zurück in den Rucksack. Zufrieden betrachtete er sein Werk. Aber irgendetwas fehlte noch. Richtig! Die Hirten hatten ja gar kein Licht! Geschickt malte der Wichtel eine kleine Laterne auf, schnitt sie aus und klebte sie einem der Hirten an die Hand. So, jetzt können die Männer wenigstens etwas sehen, dachte Berti. Unbemerkt, so wie er gekommen war, verschwand er wieder in seine Wichtelwohnung.

Am nächsten Morgen saß Max beim Frühstück und trank seinen Kakao. Da kam Sarah in die Küche gestürmt. "Deine Krippenfiguren sehen toll aus!", lachte Sarah. "Und sie haben richtig nette Gesichter. Aber am besten sind die Hirten mit der Laterne!" Max setzte seinen Becher so abrupt auf dem Tisch ab, dass der Kakao überschwappte. Er sprang auf. "Wieso Laterne? Und wieso warst du überhaupt in meinem Zimmer?" Sarah blickte schuldbewusst, sagte aber nichts. Max lief nach oben. Sprachlos stand er vor den fertigen Krippenfiguren. "Das hast du aber ordentlich geklebt. Ich dachte, das wolltest du erst heute machen", sagte die Mama, die ebenfalls ins Zimmer gekommen war. "Und die Idee mit der Laterne ist toll."

Max war sprachlos – und ratlos. Wieso waren die Figuren schon aufgeklebt? Und warum hatte der Hirte eine Laterne in der Hand? Doch dann dämmerte es ihm. Der Wichtel! Er musste es gewesen sein. Max drehte sich zu Sarah und seiner Mutter um. Er lächelte und fragte: "Du, Mama, haben wir eigentlich noch Erdnüsse?"

6

Der Nikolausabend

"Guck mal, Max, meine glänzen schon richtig!" Stolz hielt Sarah ihrem Bruder die Winterstiefel unter die Nase. "Meine aber auch!", erwiderte Max und zeigte auf seine Schuhe. Seit einer Viertelstunde schrubbten und bürsteten die Kinder an ihren Stiefeln herum. Da steckte der Papa seinen Kopf um die Ecke. "Oh, wie vorbildlich", sagte er und grinste. "Wie stolz wäre eure Mutter, wenn ihr eure Stiefel immer so sauber halten würdet?"

"Och, Papa", sagte Max. "Sonst ist das doch gar nicht so wichtig. Nur heute." "Nur heute?", fragte der Papa und stellte sich ahnungslos. "Ja, weißt du das denn nicht?", fragte Sarah entrüstet. "Heute Nacht kommt doch der Nikolaus! Und da müssen die Stiefel sauber sein. Sonst gibt es keine Süßigkeiten und kein Geschenk!" "Ach ja, richtig, der Nikolaus kommt." Der Papa tat so, als ob ihm das gerade erst eingefallen war. "Na dann, viel Spaß noch beim Putzen", sagte er zu seinen Kindern und verschwand im Arbeitszimmer.

Unterdessen saß Berti in seiner Wohnküche. Der Nikolausabend war auch für die Wichtel ein wichtiges Datum. Nicht, dass sie selbst ihre kleinen Stiefel vor die Tür gestellt hätten. Doch ebenso wie am Heiligen Abend hatten sie auch vor dem Eintreffen des Nikolauses die Aufgabe, im Haus nach dem Rechten zu schauen. In erster Linie mussten sie kontrollieren, ob die Kinder ihre Stiefel ordentlich platziert hatten. Und natürlich durfte keines der Kinder noch wach sein. Denn ebenso wenig wie der Weihnachtsmann wollte auch der Nikolaus von den Menschen gesehen werden.

Was die Stiefel betraf, so machte sich Berti bei Sarah und Max keine Sorgen. Was das lange Aufbleiben betraf, da war sich der Wichtel hingegen nicht so sicher. Gerade Sarah war so aufgeregt, dass sie sicher noch länger wach lag. In diesem Fall müsste Berti eingreifen – auf Wichtelart. Dafür gab es die eine oder andere erprobte Methode. Und Berti kannte sich sehr gut aus.

Bevor im Hause Auermann Ruhe einkehrte, wurde es erst noch einmal laut. Aufgeregt hüpften die Geschwister nach dem Zähneputzen durchs Wohnzimmer. Sarah ließ sich zu ihrem Vater auf den Sessel plumpsen und fragte bestimmt zum fünften Mal: "Du, Papa, meinst du, der Nikolaus bringt mir auch was? Marzipan oder Schokolade?" Der Papa drückte seine Tochter fest und gab ihr einen Gute-Nacht-Kuss auf die Stirn. "Ganz bestimmt macht er das. Du hast doch auch so schön deine Stiefel geputzt ..." Auch Max sah nicht danach aus, als ob er schon müde war. Er hüpfte auf dem Sofa auf und nieder. "Hoffentlich bekomme ich Kaugummis. Die sind cool. Und ein neues Auto für mein Parkhaus." Die Mama versuchte Ruhe auszustrahlen. "Ihr werdet es doch morgen früh sehen. Und je eher ihr jetzt ins Bett geht und schlaft, umso schneller ist die Zeit um." Ohne Begeisterung machten sich die Kinder auf den Weg nach oben. Die Eltern hörten sie noch eine Weile in den Zimmern rumoren, dann kehrte Ruhe ein.

Berti verbrachte den Abend in seiner Wohnküche. Immer wieder blickte er auf die Uhr. Um halb zwölf machte er sich auf den Weg. Erfahrungsgemäß tauchte der Nikolaus gegen Mitternacht auf. Daher wurde es für Berti jetzt Zeit, nach den Kindern zu sehen. Auf Zehenspitzen hüpfte er die Treppe hinauf. Oben blickte er sich um. Ja, auf den ersten Blick sah das gut aus. Vor den Kinderzimmern standen die geputzten Stiefel. Leise schlich Berti zu Max' Tür. Sie war angelehnt. Der Wichtel horchte in die Dunkelheit und hörte ein leises Schnarchen. Prima, der Junge würde vom Besuch des Nikolauses nichts mitbekommen.

Als Berti gerade sein Ohr an Sarahs Tür legen wollte, hörte er aus dem Zimmer ein Rascheln. Es klang, als würde die Bettdecke zur Seite geschoben. Dann vernahm der Wichtel leise Schritte. Sie näherten sich der Tür. Berti musste handeln. Blitzschnell duckte er sich hinter Sarahs Stiefel. Die Tür öffnete sich einen Spalt. Im Nachthemd und mit verstrubbelten Haaren steckte das Mädchen seinen Kopf heraus und blickte auf die Stiefel. Als sie bemerkte, dass der Nikolaus noch nicht gekommen war, verschwand sie wieder in ihrem Bett. Berti hörte die Decke rascheln.

Vorsichtig richtete sich der Wichtel auf. Das war noch einmal gutgegangen! Doch jetzt war Eile geboten. Der Nikolaus kam bestimmt bald und dann musste Sarah unbedingt eingeschlafen sein. Berti überlegte kurz. Aus seiner Hosentasche zog er einen winzigen Beutel. Mit einer Hand griff er hinein und holte eine kleine Menge glitzerndes Pulver heraus. Es war magisches Schlafpulver – und verfehlte seine Wirkung eigentlich nie. Leise, ganz leise betrat er Sarahs Zimmer. Jetzt kam es darauf an. Er musste das Pulver schnell genug verstreuen, bevor Sarah ihn entdecken konnte.

Das Mädchen lag im Bett und hatte seine Decke bis zur Nasenspitze hochgezogen. Ihr Blick war nach oben gerichtet – nicht zur Tür. Perfekt, dachte Berti. Mit einer gezielten Handbewegung schleuderte er das Pulver in seiner Hand in Richtung Bett. Wie feiner Glitzerregen schwebten die winzigen Körnchen auf die Decke und das Mädchen nieder. Und ehe Sarah sich noch wundern konnte, woher das Glitzern kam, fielen ihr die Augen zu. Berti atmete tief durch. Das magische Schlafpulver hatte einmal mehr seine fantastische Wirkung bewiesen. Speziell für Mädchen, so Bertis Erfahrung, war diese Methode dank des Glitzereffektes bestens geeignet.

Der Wichtel wollte sich gerade der Tür zuwenden, als er Geräusche von unten hörte. Der Nikolaus! Da war er schon! Berti lugte um die Ecke. Alles ging blitzschnell, wie immer. Berti konnte gerade noch eine große Gestalt in einem langen, roten Mantel erkennen. Dann war schon wieder alles vorbei. Der Wichtel ging in den Flur und blickte auf die Stiefel. Die waren prall gefüllt mit leckeren Sachen: Schokolade, Marzipan und Kaugummis. Der Nikolaus war offenbar bestens informiert. In jedem Stiefel steckte ein kleiner Tannenzweig. Und daneben lagen zwei kleine Päckchen. Was da wohl drin war? "Ich werde es morgen sicher erfahren", murmelte Berti und unterdrückte ein Gähnen. Für heute reichte es.

Er schlich die Treppe hinunter und zurück zu seiner Wohnung. Als er die Tür öffnen wollte, bemerkte er den kleinen Tannenzweig. Er war mit einer roten Schleife und einer glänzenden Kugel verziert. "Danke, Berti! Der Nikolaus" stand darauf. Berti freute sich. "Und dabei habe ich gar nicht meine Stiefel geputzt", kicherte er.

7

Nachbarschaftshilfe

Für Wichtel hat es Tradition, dass sie jedes Jahr in der Adventszeit eine Familie besuchen. Nun gibt es aber sehr viele Familien. Und es gibt auch sehr viele Wichtel. Daher ist es keine Seltenheit, dass Wichtel in den Wochen vor Weihnachten sozusagen Tür an Tür leben. Nicht immer laufen sich die freundlichen kleinen Wesen dabei über den Weg, denn sie sind meist sehr beschäftigt. Aber falls einer von ihnen Unterstützung braucht, dann sind die Wichtel füreinander da.

Und so war Berti nicht sonderlich überrascht, als er eines späten Abends ein leises Klopfen am großen Wohnzimmerfenster vernahm. "Hallo, Berti, bist du da?", hörte er eine Stimme. Berti verließ seine Wohnung und kletterte auf die Fensterbank. Durch die Scheibe erkannte er Wilfried in der Dunkelheit. Rasch öffnete er das Fenster einen Spalt breit und ließ den Wichtel hinein. "Ah, welch eine Freude! Wilfried, komm doch herein. Kann ich dir helfen?" Die beiden Männlein setzten sich in Bertis Wohnküche.

"Oh ja, Berti, das kannst du!" Wilfried fuhr sich mit einer Hand durch seinen Bart. Der war genauso lang und weiß wie der von Berti. Dann erzählte er: "Ich habe vorhin begonnen, das Schaukelpferd der kleinen Lara zu reparieren. Es ist schon seit Tagen kaputt und Laras Papa kommt einfach nicht dazu, es wieder ganz zu machen." Deshalb hatte Wilfried sich seine Werkzeugtasche geschnappt und war in den Keller geschlichen. Das Spielzeug zu reparieren war für den handwerklich begabten Wilfried eine Kleinigkeit. Als er fast fertig war, hatte der Wichtel plötzlich ein Geräusch gehört. Er schlich aus dem Kellerraum, um zu gucken, was dort vor sich ging. In diesem Moment fiel die Tür hinter ihm ins Schloss.

"Konntest du denn die Tür nicht einfach wieder öffnen?", fragte Berti. "Nein, eben nicht", sagte Wilfried kleinlaut. "Die Tür hat von außen keine Klinke, die man herunterdrücken könnte. Ich brauche zum Öffnen den Schlüssel. Der steckt aber nicht und ich weiß auch nicht, wo Laras Eltern ihn aufbewahren." "Kannst du denn die Tür nicht einfach mit einem Öffnungszauber wieder aufmachen?" "Doch, schon. So bin ich eigentlich auch erst in den Raum hineingekommen." Wilfried senkte den Blick zu Boden. "Aber dafür benötige ich den Zauberstab." "Ach so." Berti verstand: "Und der Zauberstab liegt in deiner Tasche im Kellerraum?!"

Wilfried nickte. Er wusste genau, dass ein Wichtel seinen Zauberstab nie irgendwo liegenlassen sollte. Doch das Geräusch vor der Tür hatte ihn so abgelenkt, dass er diese wichtige Wichtelvorschrift einfach vergessen hatte.

"Komm, Wilfried, das bekommen wir hin." Berti stand auf. Der Zauberstab und das Wichtelwerkzeug durften keinesfalls länger unbeaufsichtigt im Kellerraum liegenbleiben. Nicht auszudenken, wenn jemand aus der Familie die Sachen entdeckte! Berti packte seinen Rucksack – und vergaß auch seinen Zauberstab nicht. Wahrscheinlich würde er ihn brauchen. Die beiden Wichtel verließen das Haus und huschten zu den Nachbarn hinüber.

Draußen pfiff ein eisiger Wind um die Häuser. "Brrr, ist das kalt!". Berti fror. Zum Glück hatte Wilfried trotz der ganzen Aufregung daran gedacht, das Küchenfenster einen Spalt breit offen zu lassen. Unbemerkt huschten die Wichtel hinein. Wilfried führte sie schnurstracks in den Keller. Da standen die beiden nun vor der verschlossenen Tür. Berti setze seinen Rucksack ab und zog seinen Zauberstab heraus. Der sah aus wie ein ganz gewöhnlicher kleiner Zweig. Nur in den Händen eines Wichtels wurde aus diesem unscheinbaren Stöckchen ein echter Zauberstab.

Berti trat ein Stück zurück. Dann hob er den Stab, richtete ihn auf die Tür und murmelte leise ein paar Worte in einer fremden Sprache. " ... oh, wuladufa mira - öffne dich!" Die Tür konnte gar nicht anders, sie ging auf. "Wichtel sei Dank!" Wilfried seufzte erleichtert, huschte in den Kellerraum und suchte seine Sachen zusammen. "Das sieht aber hübsch aus", bemerkte Berti beim Blick auf das Schaukelpferd anerkennend. "Ja, nicht wahr?", entgegnete Wilfried nicht ohne Stolz. "Die Kufen waren defekt. Ich habe sie abgeschliffen und wieder richtig befestigt." Berti strich mit einer Hand über das glatte Holz. "Sehr gute Arbeit", nickte er.

"Eben wollte ich eigentlich noch die Mähne etwas richten. Die sieht schon so zerrupft aus", sagte Wilfried. "Eine tolle Idee", sagte Berti. "Darf ich dir helfen?" Aus dunklen Wollfäden fertigten die beiden gemeinsam eine hübsche Mähne für das Schaukelpferd. "Das hat Spaß gemacht", freute sich Wilfried nach getaner Arbeit. Dass Wichtel bei den Menschen zu zweit arbeiteten, kam so gut wie nie vor. Berti nickte. "Komm, lass uns jetzt gehen. Es wird Zeit." "Stimmt, ich packe gerade noch meine Sachen in die Tasche", antwortete Wilfried. "Aber vergiss deinen Zauberstab nicht", kicherte Berti. "Nein, bestimmt nicht noch einmal", sagte Wilfried und lachte erleichtert.

8

Wer mag schon grüne Paprika?

"So, jetzt haben wir alles." Sabine Auermann stellte die große Einkaufskiste auf den Küchentisch. "Was ist denn da alles drin?", fragte Max neugierig. "Jede Menge leckere Sachen, die ich zum Kochen brauche", erwiderte die Mama und begann, die Lebensmittel im Kühlfach und in den Schränken zu verstauen. "Habe ich da was von kochen gehört?", rief der Papa aus Richtung Haustür. Er war gerade von der Arbeit gekommen. Jetzt stellte er seine Aktentasche ab und betrat die Küche. "Was gibt's denn morgen zum Mittagessen?" Klaus Auermann wusste die Kochkünste seiner Frau sehr zu schätzen. "Ich wollte mal wieder Gulasch machen", sagte die Mama und räumte wie aufs Stichwort einige Paprikaschoten in den Kühlschrank.

"Du, Mama, warum gibt es Paprika eigentlich in verschiedenen Farben?", fragte Max mit Blick auf das bunte Gemüse. "Das hängt damit zusammen, wie reif sie sind", erklärte die Mama. "Erst sind die Paprika grün, dann werden sie gelb, orange oder rot." "Aber wenn die grünen Paprika noch gar nicht reif sind, warum essen wir sie dann?", fragte Max weiter. "Aus Sicht der Wissenschaft eine sehr gute Frage", lachte der Papa. Die Mama überlegte: "Das ist tatsächlich eine gute Frage. Ich meine, die grünen Schoten haben einen etwas anderen Geschmack. Und außerdem machen sie das Essen bunter." "Also mir würden rote und gelbe Paprika im Gulasch reichen – ich finde, die grünen schmecken nicht besonders gut", sagte Max. "Die Grünen sind aber mit in der Packung drin. Also kommen sie auch ins Essen", sagte die Mama bestimmt.

Nach dem Abendessen hockten Sarah und Max in Sarahs Zimmer und sortierten Bausteine. Beim Blick auf die grünen Steine fielen dem Jungen die Paprika wieder ein. Er fand Mamas Gulasch sehr lecker, nur die grünen Schoten waren seiner Meinung nach völlig überflüssig. Da kam ihm plötzlich eine Idee. "Sarah, was meinst du: Mögen Wichtel eigentlich grüne Paprika?" Das Mädchen schaute ihren Bruder verblüfft an: "Weiß ich nicht. Wieso?" Max erzählte seiner kleinen Schwester vom Gespräch mit den Eltern in der Küche. "Mir ist das egal, welche Farbe drin ist. Hauptsache, es gibt Nudeln dazu", sagte Sarah. Nudeln aß das

Mädchen besonders gern. Aber Max ließen die Paprika einfach keine Ruhe.

Als die Eltern bereits ins Bett gegangen waren, lag Max immer noch wach in seinem Zimmer. Leise stand der Junge auf und schlich in die Küche. Er nahm die grüne Paprika aus dem Kühlschrank und holte sich ein Messer. Vorsichtig teilte er das Gemüse in zwei Teile. Eine Hälfte legte er zurück in den Kühlschrank, mit der anderen huschte er ins Wohnzimmer. Dort legte er die grüne Schote vor Bertis Wichteltür ab. "Du hast doch auch eine grüne Tür und eine grüne Leiter. Vielleicht magst du ja auch grüne Paprika", murmelte Max. Wenn der Wichtel das Gemüse wenigstens probierte, dann blieb für das Gulasch morgen nur eine halbe grüne Schote übrig – und eine halbe grüne Paprika im Essen war auf jeden Fall besser als eine ganze, dachte Max. Zufrieden mit seiner Aktion verschwand der Junge unbemerkt wieder in seinem Bett.

Berti steckte neugierig den Kopf aus der Tür. Was hatte Max ihm denn dort unten hingelegt? Der Wichtel schnappte sich seine Laterne und kletterte die Leiter hinunter. Im Lichtschein begutachtete er die Paprikaschote. Dass es sich um eine Paprika handelte, war dem Wichtel durchaus bekannt. Nur grüne Paprika hatte er noch nie probiert. Wie aufmerksam von Max, dachte Berti, und brach sich ein kleines Stück von der Schote ab. "Oh, die schmecken ja köstlich", sagte Berti. Nicht zu süß – das war genau sein Geschmack. Und einkochen konnte man das Gemüse sicherlich auch prima.

Berti überlegte. Als ganzes Stück würde er die Paprika nicht in seine Wohnung transportieren können. Dafür war selbst die halbe Schote zu groß. Also musste er sie vor der Tür kleinschneiden und nach und nach in die Küche bringen. Er holte sich ein kleines Messer, ein Brettchen und eine Schale und machte sich an die Arbeit. Sich mit einer Hand an der Leiter festzuhalten und in der anderen die mit Paprikastücken gefüllte Schale zu balancieren, das war gar nicht so einfach. Einmal wäre Berti fast die ganze Schale aus der Hand gefallen. Doch er konnte sie gerade noch abfangen. Dass dabei zwei Stückchen Paprika hinter den Vorhang purzelten, bemerkte er nicht.

Was Sabine Auermann am nächsten Tag jedoch bemerkte, war die halbe Paprikaschote im Kühlschrank. Als die Familie mittags zusammensaß und genüsslich Gulasch mit Nudeln aß, fragte sie ganz beiläufig. "Ach, übrigens, ich konnte leider nur eine halbe grüne Paprika ins Essen schnippeln. Die andere Hälfte war nicht mehr da." "Ach, wirklich?", fragte der Papa. "Das ist mir gar nicht aufgefallen." Sarah zuckte nur mit den Schultern. Max antwortete auch nicht, er richtete seinen Blick verlegen auf den Teller. Die Mama bemerkte das, fragte aber nicht weiter.

Am Nachmittag wollte Sabine Auermann das Wohnzimmer saubermachen. Gründlich fuhr sie mit dem Staubsager in jede Ecke. Vor dem großen Fenster hantierte sie mit dem Elektrogerät jedoch ganz vorsichtig. Sie wollte die Leiter und die Bank des Wichtels nicht beschädigen. Plötzlich stockte der Sauger, offensichtlich verstopfte etwas die Bodendüse. Die Mama schaltete das Gerät aus, hob die Düse hoch und schaute sie sich genauer an. Dabei entdeckte sie zwei Stücke grüne Paprika, die sich dort verklemmt hatten. Vorsichtig zog sie das Gemüse heraus. Ratlos schaute sie sich um. Wie kam bloß die Paprika in diese Ecke? Dann fiel ihr Blick auf die Wichteltür. "Ach, so ist das", sagte sie leise.

Wenig später betrat Sabine Auermann Max' Zimmer. Der Junge saß auf seinem Bett und blätterte in einem Buch. "Schau mal, Max, was ich im Wohnzimmer gefunden habe." Die Mama hielt ihrem Sohn die Paprikastücke unter die Nase. Max zuckte zusammen. Verlegen sah er seine Mutter an. Die konnte sich ein Schmunzeln nicht verkneifen. Sabine Auermann setzte sich zu ihrem Sohn aufs Bett. "Ich denke, die grüne Paprika hat dem Wichtel geschmeckt", sagte sie. "Das war nämlich alles, was ich vor seiner Tür davon noch gefunden habe." Jetzt musste auch Max gegen seinen Willen lächeln. "Wenn du das nächste Mal Gulasch kochst, können wir ihm die grüne Paprika ja gleich anbieten", schlug er vor. "Dann bleibt sie nicht übrig. Und der Wichtel mag sie offensichtlich lieber als wir!"

9

Ein ganz besonderer
Brief

Berti saß am Küchentisch und starrte auf den weißen Zettel, der vor ihm lag. Der Zettel war leer. Denn dem Wichtel fiel einfach nichts ein, was er schreiben konnte. Berti stieß einen tiefen Seufzer aus. Warum hatte Sarah sich ausgerechnet einen Wichtelbrief gewünscht?

Hätte Berti das Mädchen danach fragen können, dann hätte sie dem Wichtel das bestimmt gerne erklärt. Am Nachmittag hatte Sarah nämlich die Oma besucht. Und weil Sarah Bücher so sehr liebte, hatte Oma Hildegard ihr eine wunderbare Wichtelgeschichte vorgelesen. Darin ging es um Briefe, die ein kleines Mädchen an seinen Wichtel geschrieben und ihm in seinen Postkasten geworfen hatte. Und das Mädchen in der Geschichte hatte tatsächlich Antwort erhalten. Das wollte Sarah natürlich auch sofort ausprobieren.

Sie bat die Mama, ihr bei diesem Brief zu helfen. Denn schreiben konnte die Vierjährige alleine noch nicht. Und so fand Berti am späten Abend diesen Brief vor seiner Tür. "An den Wichtel" stand darauf. Sarah hatte ihn liebevoll bemalt und mit Aufklebern verziert.

Lieber Wichtel,

wir freuen uns sehr, dass du bei uns wohnst. Wir hoffen, die Erdnüsse und die grüne Paprika von Max haben dir geschmeckt. Kannst du uns schreiben, wie du heißt und was du gerne machst? Wir wünschen dir eine schöne Adventszeit bei uns.

Liebe Grüße von Sarah

Wichtel haben gemeinhin viele Talente. Und die brauchen sie auch, wenn sie die Menschen in der Weihnachtszeit unterstützen möchten. Wichtel kochen und backen, sie sind handwerklich begabt und können sogar mit Nadel und Faden umgehen, wenn es erforderlich ist. Und selbstverständlich können Wichtel gut lesen, schreiben und rechnen. Auch das haben sie in der Wichtelschule gelernt.

Aber bei den Wichteln ist es wie bei den Menschen. Es gibt Dinge, die machen ihnen mehr Spaß als andere. Bei Berti war es das Schreiben, das nicht unbedingt zu seinen Lieblingsaufgaben zählte. Zwar schrieb er ordentlich und fast fehlerfrei. Aber er wusste oft einfach nicht, was er schreiben sollte. Dass er zwei Stunden und länger für einen Wichtelbrief brauchte, kam nicht selten vor. Aber Sarah hatte sich einen Brief gewünscht und den sollte sie natürlich auch bekommen.

Nun saß Berti schon seit einer Stunde vor dem leeren Zettel. Was sollte er schreiben? "Liebe Sarah, ich heiße Berti. Viele Grüße, dein Berti". Nein, langweiliger ging es wirklich nicht mehr. Berti raufte sich so kräftig den Bart, dass er beinahe noch seine Brille von der Nase geschoben hätte. Er könnte ihr zum Beispiel schreiben, dass er gerne las und zum Rodeln ging. Zu viel wollte er dem Mädchen aber auch nicht verraten. Dass er magische Kräfte besaß und am liebsten verschiedene Socken trug: Das waren wiederum sehr persönliche Dinge und die behielt er besser für sich.

Berti betrachtete Sarahs Zettel mit den bunten Aufklebern. Obwohl sie den Brief nicht selbst schreiben konnte, hatte das Mädchen sich wirklich viel Mühe gegeben. In diesem Moment hatte Berti DIE Idee! So wie Sarah, die ihre Mutter schreiben ließ und selbst nur malte und klebte, so konnte doch auch er ganz einfach Bilder sprechen lassen! Das war nicht nur praktisch, sondern sah auch noch gut aus. Denn das Malen machte Berti wesentlich mehr Spaß. Und Sarah konnte diesen Brief morgen sogar ganz alleine "lesen".

Der Wichtel schob den kleinen Zettel zur Seite und holte ein wesentlich größeres Blatt aus seiner Schublade. Und dann legte er los. Oben links in die Ecke zeichnete er mit Buntstiften eine grüne Paprika und ein paar Erdnüsse. Auf die andere Seite malte er seinen Schlitten und einen Schneemann; auch sein Lieblingssessel mit einem aufgeschlagenen Buch darauf fand auf dem Zettel Platz. Je länger Berti malte, umso mehr kam er in Fahrt. Er verzierte das Blatt mit grünen Tannenzweigen und -zapfen, roten Kerzen und bunten Kugeln. Ehe Berti sich's versah, war das Bild fertig.

Zufrieden betrachtete der Wichtel sein Werk. "Ja, das kann sich sehen lassen", freute er sich. Er wollte das Blatt gerade zusammenfalten, da fiel ihm noch etwas ein. Sarah hatte ihn nach seinem Namen gefragt. Berti überlegte kurz. Aber ihm fiel keine Wichtelvorschrift ein, die es verboten hätte, auf diese Frage zu antworten.

Also nahm er doch noch einmal seinen Bleistift zur Hand. "Für Sarah von Berti" schrieb er in seiner schönsten Schrift ganz oben auf sein Bild. Dann faltete er das Blatt sorgsam zusammen. Diesen besonderen Brief würde er dem Mädchen gleich vor die Zimmertür legen.

10

Mamas Schlamassel

Es gibt Tage, an denen geht einfach alles schief. Und es muss nicht einmal ein Freitag, der 13. sein. Sabine Auermann hatte genau heute einen solchen Schlamassel-Tag.

Es begann damit, dass sie am Morgen verschlief. Zwar hörte sie das Läuten ihres Weckers, schaltete ihn aber aus – und schlief weiter. Mit einer halben Stunde Verspätung saß die Familie am Frühstückstisch. Als Nächstes schwappte der Mama beim Eingießen der Kaffee über den Becherrand und verursachte einen kleinen braunen See. Die Mama ärgerte sich über den verschütteten Kaffee und weil sie verschlafen hatte. "Ausgerechnet heute Morgen habe ich einen wichtigen Termin. Da muss ich pünktlich sein", sagte sie, während sie sich Honig auf ihr Brot schmierte. Weil sie aber so in Eile war, passierte ihr gleich das nächste Missgeschick. Als sie von ihrem Brot abbeißen wollte, glitt es ihr aus der Hand. Es landete nach kurzem Flug auf ihrer neuen Hose – natürlich mit der Butter- und Honigseite nach unten.

"Oh, nein! Auch das noch!" Die Mama legte das Brot zurück auf den Teller und sprang auf. "Aber Mama, das ist doch nur ein Fleck. Den kannst du doch auswaschen." Max konnte die Aufregung nicht verstehen. Er hatte häufig Flecken auf seinen Hosen. Und es wäre ihm nicht im Traum eingefallen, sich darüber aufzuregen. "Die Hose ist aber neu", schimpfte die Mama. "Dann zieh doch eine andere Hose an", sagte der Papa und zuckte mit den Schultern. Doch da war die Mama schon im Schlafzimmer verschwunden, um sich umzuziehen.

Weil es so spät war, entschloss sich Sabine Auermann, die Kinder mit dem Auto in die Schule und in den Kindergarten zu bringen. Als die Familie gerade einsteigen wollte, fiel der Mama auf, dass sie den Autoschlüssel vergessen hatte. Sie lief zurück ins Haus und wäre fast über Wuschel gestolpert. Der hatte sich mitten auf dem weichen Teppich in der Diele gemütlich ausgestreckt.

Beim Mittagessen setzte sich Mamas Pechsträhne fort. Als sie die Suppe salzen wollte, löste sich plötzlich der Deckel des Salzstreuers und eine ordentliche Menge davon landete im Topf. Die Suppe war kaum noch genießbar.

Zu guter Letzt misslang ihr am Nachmittag auch noch Sarahs Lieblingsgebäck. Sie vergaß nämlich das Backpulver. Die sonst so herrlich luftigen Muffins klebten wie kleine Häufchen in der Form. "Die können wir so morgen auf keinen Fall zu eurer Adventsfeier im Kindergarten mitnehmen." Kopfschüttelnd hielt sie Sarah die missglückten Muffins unter die Nase. "Ach, Mama, dann nehmen wir eben Kekse aus der Dose mit", tröstete das Mädchen seine Mutter.

Kekse aus der Dose bei einer Adventsfeier? Das ging ja wohl gar nicht! Einige Stunden später stand Berti auf dem Küchentisch der Familie Auermann. Der Wichtel hatte seine kleinen Hände in die Hüften gestemmt und betrachtete kopfschüttelnd die große Blechdose, die Klaus Auermann noch am Abend aus dem Supermarkt besorgt hatte. Was tagsüber im Einzelnen alles geschehen war, hatte Berti nur am Rande mitbekommen. Doch das Dilemma mit den Muffins war am Abend noch ausführliches Gesprächsthema im Wohnzimmer. Und es erforderte umgehend sein Eingreifen, fand Berti.

Am liebsten nutzte er zum Backen seine Wichtelküche. Nur bei den Muffins ging das leider nicht. Die Muffinförmchen der Menschen waren viel zu groß für seinen Ofen. Also kam nur die Küche der Familie infrage. Und das bedeutete natürlich, er musste leise sein. Nahezu lautlos begann Berti, die Backzutaten in zwei Schüsseln anzurühren: Eier, Zucker, Milch und Öl in einer Schüssel, das Mehl, Salz und – ganz wichtig – das Backpulver in der anderen.

Interessiert betrachtete Berti die kleinen Backpulvertütchen. Für Menschen-Verhältnisse waren die ja wirklich winzig, dachte er. "Umso besser für mich. Dann habe ich es leichter." Er riss eines der Tütchen auf und kippte den Inhalt schwungvoll hinzu. Leider ein bisschen zu schwungvoll. So landete nicht ein halbes, sondern beinahe ein ganzes Tütchen Backpulver im Teig. "Ups! Naja, besser etwas zu viel, als zu wenig", sagte Berti. Die Muffins sollten schließlich schön aufgehen – und nicht wie die klebrigen Häufchen von Sabine Auermann aussehen!

Wenig später blickte der Wichtel durch die Glasscheibe in den Ofen. Die Muffins gingen tatsächlich wunderbar auf. Allerdings deutlich mehr als vorgesehen. Immer höher erhob sich der Teig aus den Förmchen. Berti wurde unruhig. Als die süße Masse fast schon überquoll, kam der Teig endlich zur Ruhe. "Glück gehabt", seufzte Berti. Um ein Haar wäre dieser Tag nicht nur für die Mama, sondern auch für den Wichtel zum Schlamassel geworden.

Berti holte das Gebäck aus dem Ofen und ließ es auf dem Rost abkühlen. Die Muffins waren wirklich gewaltig aufgegangen – wie Tannenbaumspitzen so hoch. "Nur ohne Nadeln", kicherte Berti. Da kam ihm eine Idee! Geschickt rührte er aus Zucker, Wasser und etwas Lebensmittelfarbe einen grünen Guss und überzog die Muffins damit. Zum Schluss dekorierte er jedes Küchlein noch mit winzigen roten Zuckerperlen. Dann waren sie fertig: die einzigarten Berti-Schlamassel-Weihnachtsmuffins! Großartig sahen sie aus. "Und mit Sicherheit besser als die Kekse in der Dose!" Da war sich Berti ganz sicher.

11

Die Brille im Schnee

Endlich! Es hatte geschneit. Seit Wochen hatten sich Sarah und Max vergeblich die Nasen an den Fensterscheiben platt gedrückt. Doch jetzt war es soweit. Seit den frühen Morgenstunden rieselten stetig weiße Flocken vom Himmel. Innerhalb weniger Stunden waren Häuser, Straßen und Gärten mit einer Schneeschicht bedeckt.

Als die Kinder aus der Schule und dem Kindergarten zurückgekehrt waren, konnten sie es nicht mehr abwarten. Sie zogen ihre dicken Schneeanzüge an und tobten im Garten herum. Als Erstes wurde ein Schneemann gebaut. Er trug sogar einen bunten Schal um den Hals und als Nase eine Karotte im Gesicht. Dann hinterließen die Geschwister Schneeengel auf der Terrasse. Und zu guter Letzt durfte natürlich eine ordentliche Schneeballschlacht nicht fehlen. Hin und her flogen die kleinen Schneekugeln, bis Sarah und Max selbst aussahen wie Schneemänner.

Als Sabine Auermann lautes Rufen und Fluchen hörte, wurde sie aufmerksam. Sie öffnete die Terrassentür und steckte den Kopf nach draußen. "Was ist denn los bei euch?", fragte sie. Vor sich hin schimpfend lief Sarah immer wieder die gleiche Stelle auf der Wiese ab, den Kopf hielt sie gesenkt. Sie suchte offensichtlich etwas. Max kam zu seiner Mutter an die Tür. "Sarahs Brille ist weg." "Wieso weg?", fragte die Mutter. Ehe Max antworten konnte, rief Sarah herüber: "Max hat mir einen Schneeball an den Kopf geworfen." Das kleine Mädchen war sauer. "Meine Brille ist runtergefallen. Ich finde sie nicht." "Das war doch keine Absicht!", rief ihr Bruder zurück. "War es wohl!", schimpfte Sarah und suchte weiter.

"Nun mal langsam", beruhigte die Mama. "Ich glaube nicht, dass Max das mit Absicht gemacht hat! Aber blöd ist es natürlich schon. Außerdem wird es gleich dunkel." Das stimmte. Die Dämmerung brach herein. Und bei diesem trüben Licht im Schnee nach einer Kinderbrille zu suchen, war keine leichte Aufgabe. Die Mama zog rasch Stiefel und Jacke an. Zu dritt suchten sie weiter. Doch je dunkler es wurde, umso größer war auch die Gefahr, versehentlich auf die Brille draufzutreten.

"Es hat keinen Zweck. Wir machen morgen weiter", entschied die Mama nach einer Weile. "Und was soll ich ohne Brille machen?", jammerte Sarah. "Du hast doch eine Ersatzbrille. Zieh die bitte auf", sagte die Mama. "Die ist aber doof", meckerte Sarah. "Die andere ist schöner." "Es geht aber jetzt nicht anders." Die Stimme von Sabine Auermann klang energisch, Widerspruch war zwecklos.

In der Dunkelheit eine Brille im Schnee suchen, ohne sie versehentlich kaputt zu machen: "Das ist genau die richtige Aufgabe für mich!", dachte Berti. Der Wichtel freute sich richtig. Nicht, weil Sarahs Brille im Schnee verloren gegangen war, sondern weil er damit einen guten Grund gefunden hatte, selbst eine Runde draußen zu spielen. Berti hatte sich nämlich einen neuen Schlitten gebaut. Und es war höchste Zeit, ihn auszuprobieren, fand Berti. Aber zuerst galt es natürlich, die Brille zu finden.

Am späten Abend zog der Wichtel sich eine dicke Jacke über und Handschuhe an. Dann nahm er seine Laterne und machte sich auf den Weg nach draußen. Den Schlitten zog er an einer Schnur hinter sich her. Der Weg durch den Garten war ganz schön anstrengend. Schließlich hatte es ordentlich geschneit. Und so ein paar Zentimeter Neuschnee können für einen Wichtel recht hoch sein. Zum Glück hatten die Kinder einen Großteil des Schnees auf der Wiese bereits platt getrampelt.

Berti suchte die Stelle im Garten auf, an der Sarah die Brille verloren hatte. Mit seiner Laterne leuchtete er den Boden gründlich ab. Doch genauso wie die Kinder fand auch er hier nichts. Der Wichtel blickte sich um. Wo konnte die Brille nur sein? Er hob seine Laterne ein Stück höher und versuchte, die Umgebung zu erhellen. Da blinkte es auf einmal. Berti hielt inne und leuchtete mit der Laterne zurück. Tatsächlich! Dort drüben, nur ein kleines Stück entfernt in einem Busch. Schritt für Schritt kämpfte sich der Wichtel durch den Schnee. Der war hier nämlich noch fast unberührt. Jetzt hatte er den Busch erreicht. Und an einem Zweig hing Sarahs Brille! Jedes Mal, wenn das Licht der Laterne auf die Brillengläser traf, reflektierte es.

Kopfschüttelnd starrte Berti auf die Brille im Busch. Da musste Max den Schneeball aber doch mit ordentlichem Schwung in Sarahs Richtung geworfen haben. Und offensichtlich hatte der Schneeball die Brille im Flug mitgenommen und in den Busch geschleudert. Gut, dass sie mit einem Bügel am Zweig hängengeblieben war. Sonst hätte man sie unter dem dichten Gewächs sicherlich noch schwerer wiedergefunden, dachte Berti.

Er überlegte kurz. Sehr hoch hing die Brille nicht. Trotzdem wäre eine Klettertour nicht ganz ungefährlich. Außerdem musste er das Nasenfahrrad ja auch unbeschadet nach unten befördern. "Zu riskant", entschied Berti. Da blieb nur sein Zauberstab. Er blickte sich um. In der Dunkelheit war niemand zu sehen, der ihn hätte beobachten können. Das war für den Wichtel ganz wichtig und eine Voraussetzung dafür, dass er seine Magie überhaupt anwenden durfte.

Er zog den kleinen Stab unter seiner Jacke hervor und richtete ihn auf die Brille. Er konzentrierte sich und murmelte einen Zauberspruch. Ein zarter Lichtstrahl löste sich aus der Spitze des Zauberstabes und traf Sarahs Brille. Wie von Geisterhand löste sie sich dann aus dem Busch und landete sanft auf dem Boden. "Geschafft", freute sich Berti und steckte seinen Zauberstab wieder unter den Mantel. Doch wohin nun mit der Brille? Er schaute sich um. Dann klappte er die Bügel des Gestells vorsichtig zusammen und hob die Brille auf seinen neuen Schlitten. So konnte er sie problemlos transportieren. Die Rodelpartie fiel für heute zwar aus, aber immerhin hatte der neue Schlitten trotzdem seinen Zweck erfüllt! Berti machte sich auf den Weg zurück zum Haus. Den Schlitten mit der Brille zog er vorsichtig hinter sich her.

Als er die Tür fast erreicht hatte, blieb er stehen. So ganz ohne Schneevergnügen wollte er den Abend dann doch nicht beenden. Er stellte den Schlitten ab und lief zu Sarahs und Max' Schneemann. Geschickt rollte er drei kleine Schneekugeln zusammen und stellte sie übereinander. Als Augen und Nase dienten zwei kleine Steine und ein winziger Stock. "Siehst du", sagte er zum Schneemann: "Jetzt hast du wenigstens Gesellschaft!"

12

Opa Manfred hat eine tolle Idee

"Großeltern sind großartig!", fanden Sarah und Max. Und genauso großartig fanden sie es, dass zumindest die Eltern von Papa Klaus in unmittelbarer Nähe wohnten. So hatten die Kinder oft die Gelegenheit, mit Opa Manfred und Oma Hildegard etwas zu unternehmen. Im Sommer gingen sie zusammen Eis essen oder fütterten die Enten am Stadtweiher, im Herbst sammelten sie Kastanien und im Winter hatten die Großeltern immer viel Zeit zum Backen, Lesen – und vor allem zum Basteln. Das hatte ihnen die liebevollen Spitznamen Bastelopa und Basteloma eingebracht.

An diesem Nachmittag knieten Opa Manfred und seine Enkel in der Wohnzimmerecke vor dem großen Fenster und betrachteten andächtig die kleine grüne Holzbank und den winzigen Schlitten vor der Wichteltür. "Der Schlitten ist neu, den hat Berti noch nicht lange", klärte Max seinen Opa auf. Der nickte interessiert. Die "Wichtelangelegenheit" – so nannte der Großvater den vorübergehenden Besuch der kleinen Mitbewohner – war ihm seit einigen Jahren vertraut. So ganz hatten er und die Oma zwar nicht verstanden, wo die Wichtel Jahr für Jahr eigentlich herkamen. Aber dass in der Weihnachtszeit im Haus ihres Sohnes stets etwas Geheimnisvolles vor sich ging, das war ihnen wohl bewusst.

"Woher weißt du denn, wie der Kleine heißt?", fragte der Opa jetzt den Max. "Er hat es mir geschrieben", plapperte Sarah dazwischen, noch ehe Max antworten konnte. Sie erzählte nicht nur die Geschichte von Bertis Brief, sondern auch, dass Berti sogar ihre Brille im Schnee gefunden hatte. Der Opa nickte wieder, diesmal anerkennend. "Das scheint ja ein ganz toller Wichtel zu sein, euer Berti." "Ja, das ist er", bekräftigten die Kinder.

"Macht ihr ihm denn ab und zu auch mal eine Freude?", wollte der Opa wissen. "Ja, klar!", sagte Max – er war fast schon ein bisschen empört. "Wir haben ihm leckere Sachen vor die Tür gelegt: Erdnüsse und grüne Paprika. Die mag er besonders gerne." "Und ich habe ihm doch den Brief gemalt", fiel Sarah ein: "Und zu Weihnachten bekommt er auch was von uns."

"Das klingt ja schon prima", sagte der Großvater. Max schaute seinen Opa prüfend an. "Opa, du hast doch was vor. Das sieht man dir an", sagte er. Manfred lächelte. "Naja, das stimmt schon. Ich überlege gerade, womit man eurem kleinen Freund noch eine Freude machen könnte." Sein Blick wanderte über den Schlitten. "Und ich habe da auch schon eine Idee!" "Au ja! Basteln mit Opa", rief Sarah erfreut. "Stopp! Ja, wir basteln, aber dafür brauche ich etwas Vorbereitung", bremste der Opa die Begeisterung seiner Enkel aus. "Sagt der Mama, sie soll euch morgen zu uns bringen. Dann bin ich soweit." "Aber was hast du denn vor?" "Wird nicht verraten", sagte der Opa.

Am nächsten Nachmittag stand der Opa mit seinen Enkeln in seiner Werkstatt. Hier gab es immer jede Menge zu gucken. Doch heute richteten sich die Blicke von Sarah und Max nur auf den großen Tisch an der Wand. Hier hatte Bastelopa Manfred schon einiges vorbereitet. Der Tisch war mit Zeitungen ausgelegt, außerdem stand dort ein kleiner Topf mit grüner Farbe; daneben lagen zwei Pinsel.

"So, schaut mal, was ich hier habe." Opa zog zwei hölzerne Eisstiele aus einer Schublade. Vorne waren die Stile etwas nach oben gebogen. "Was soll das denn werden?", fragte Max. "Ich weiß es! Das werden Skier!", rief da Sarah laut. "Ja klar", Max klatschte sich mit der Hand vor die Stirn, "jetzt sehe ich das auch". "Richtig erkannt", lachte der Opa. "Ich habe gestern den Schlitten vor Bertis Tür gesehen und mir gedacht: Vielleicht fährt er ja auch gerne Ski." "Wie hast du denn die Stiele so krumm gemacht?", wollte Max wissen. "Die habe ich gestern Abend über Wasserdampf gebogen. Und jetzt dürft ihr sie anmalen." Er reichte den Kindern zwei Pinsel. Die beiden legten sofort los.

Kurz darauf waren die kleinen Hölzer grün angemalt und sahen schon fast wie winzige Skier aus. "Jetzt sind die Stöcke dran." Die Kinder staunten. Aus zwei Zahnstochern und zwei winzigen aufgesteckten Holzkreisen hatte der Opa zwei Skistöcke für Berti gebastelt. "Die könnt ihr jetzt auch grün anmalen. Und wenn die Farbe nachher trocken ist, befestigen wir noch kleine Gummibänder daran: als Griffschlaufen an den Stöcken und damit Bertis Füße auf seinen Skiern auch Halt finden." "Bastelopa: Du bist großartig!", strahlte Max.

Noch am Abend war Bertis neue Ausrüstung fertig. Und Sarah und Max konnten es kaum erwarten, dem Wichtel die nagelneuen grünen Skier neben den Schlitten an die Haustür zu lehnen.

13

Eine rasante Abfahrt

Berti war immer noch völlig aus dem Häuschen. Obwohl es bis Weihnachten noch einige Tage dauerte, hatte er so ein tolles Geschenk bekommen! Er freute sich riesig. Seit er gestern die grünen Skier vor seiner Tür entdeckt hatte, konnte er es kaum erwarten, sie endlich auszuprobieren. Und die Gelegenheit war günstig, schließlich war der Schnee nicht nur liegengeblieben. In den vergangenen Tagen war auch noch eine beachtliche Menge hinzugekommen. Jetzt musste er nur noch den richtigen Zeitpunkt für eine Probefahrt abpassen – und natürlich einen geeigneten Hügel finden, den er hinunterfahren konnte. Ja, er wollte eine schöne Abfahrt machen. Langlauf war langweilig, fand Berti.

An diesem Abend entschloss sich der Wichtel, zunächst einmal den Garten der Familie genauer zu begutachten. Irgendwo würde sich bestimmt ein kleiner Hügel finden. Dick eingepackt mit Jacke und Handschuhen machte sich Berti auf den Weg nach draußen. Vorsichtig stapfte er durch den Schnee und hielt nach einer geeigneten Stelle Ausschau. Doch die zu finden war schwieriger als zunächst gedacht.

Als er fast schon aufgeben wollte, fiel sein Blick auf das Vogelhäuschen. Es hatte kein eigenes Gestell, sondern stand in der Mitte des verschneiten Gartentisches. Das Dach des Häuschens war ebenfalls mit einer dicken Schneeschicht bedeckt. Außerdem fiel es zu beiden Seiten schräg ab – beinahe berührten die Dachschrägen die Tischplatte. Oben in der Mitte befand sich eine Art Schornstein, der mit einem flachen Deckel verschlossen war. Wenn die Kinder die Vögel füttern wollten, nahmen sie den Deckel ab und füllten den Schacht mit Vogelfutter.

"Das ist ideal für eine tolle Abfahrt", freute sich der Wichtel. Den Deckel des Futterschachtes würde er als Startrampe benutzen und von dort die Dachschräge hinuntersausen. Auf der geraden Tischplatte konnte er dann die Fahrt verlangsamen und abbremsen. Nicht zuletzt stand vor dem Tisch eine Bank. Wenn er mit den Skiern auf die Bank klettern würde und dann von der Bank auf den Tisch, dann konnte er von dort auf das Vogelhäuschen gelangen. "Einfach perfekt!", sagte Berti.

Der Wichtel war so begeistert von seiner Idee, dass er sie sofort in die Tat umsetzen musste. So schnell wie ihn seine kurzen Beine trugen, huschte er wieder ins Haus und holte seine neuen Skier und die Stöcke. Er legte alles auf seinen Schlitten und zog ihn vorsichtig durch die Terrassentür nach draußen. Der Transport seiner Winterausrüstung bis zur Bank war damit kein Problem.

Mitsamt den Skiern und den Stöcken auf die Bank zu klettern, erwies sich als deutlich schwieriger. Doch auch dafür hatte Berti eine Lösung. Er knotete seine Skiausrüstung mit einem langen Seil zusammen. Das Ende des Seils nahm er in die Hand und stieg damit erst auf die Bank und von der Bank auf den Tisch. Oben angekommen, konnte er Stöcke und Skier am Seil nach oben ziehen.

Berti löste das Seil und lud sich die Ausrüstung auf seine Schultern. Ganz vorsichtig kletterte er über die eine Schräge nach oben auf das Dach. Als er endlich mitsamt Skiern und Stöcken auf dem Deckel des Futterschachtes angekommen war, wurde ihm plötzlich ein bisschen mulmig. Für so einen kleinen Wichtel war die Höhe doch ganz schön enorm. Er zögerte. Sollte er es wirklich wagen? Doch, er wollte! Sonst wäre doch die ganze Mühe des Aufstiegs umsonst gewesen. Berti schlüpfte mit seinen Stiefeln in die Gummischlaufen der Skier und nahm die beiden Stöcke fest in die Hände. Vorsichtig bewegte er sich an den Rand des Deckels, bis die Skispitzen bereits überstanden. Jetzt musste er nur noch in die Hocke gehen und sich vom Deckel rutschen lassen.

Berti atmete noch einmal tief durch. Dann ging er in die Knie, klemmte sich die Stöcke unter die Arme – und fuhr los. Der Start war geglückt. Auf der Dachschräge des Vogelhauses nahm Berti rasch Fahrt auf. Ein kalter Wind blies dem Wichtel ins Gesicht. Aber er fand es herrlich! Welch ein Spaß! Bertis Herz hüpfte vor Freude, während er mit Schwung hinuntersauste. Im Nu hatte er das Ende der Dachschräge erreicht und raste über die verschneite Tischplatte.

Doch anders als erwartet, wurde seine Schussfahrt auf der geraden Fläche nicht langsamer. Der Schnee war hart gefroren und Berti sauste mit fast unverminderter Geschwindigkeit auf die Tischkante zu. Er versuchte zu bremsen, doch die Spitzen seiner kleinen Skistöcke fanden auf dem Schnee keinen Halt. Und wieder hüpfte sein Herz – doch diesmal nicht vor Freude, sondern vor Schreck.

Und da war sie schon – die Tischkante! Wie von einem Katapult geschleudert, schoss Berti auf seinen grünen Skiern über die Kante und hob ab. Dem Wichtel stockte beinahe der Atem. Wo flog er jetzt hin? Wie konnte er landen, ohne sich zu verletzen? Der Wind blies Berti ins Gesicht und fuhr ihm in den Kragen. Seine Jacke blähte sich am Rücken auf wie ein kleiner Ballon – und bremste die Geschwindigkeit deutlich ab. Wie an einem Fallschirm sank Berti auf einmal ganz sachte immer weiter hinunter, bis er schließlich kurz vor der Terrassentür in den Schnee plumpste.

Einen Augenblick lang war Berti wie benommen. Da hatte er sich gründlich verschätzt. Aber manchmal braucht man eben einfach ein bisschen Wichtel-Glück! Berti schnaufte noch einmal tief durch. Dann stand er auf, legte die Stöcke beiseite und zog die Skier aus. Die hatten die rasante Abfahrt unbeschadet überstanden. "Gute Arbeit", sagte Berti und blickte anerkennend auf Opa Manfreds Bastelarbeit. Jetzt konnte er fast schon wieder lächeln. Und das nächste Mal, so dachte er, würde er es lieber mit Langlauf probieren.

14

Die verschwundene Socke

Wichtel sind sehr ordentliche Zeitgenossen. Sie halten ihre Wohnungen sauber, putzen, räumen auf und waschen selbstverständlich ihre Wäsche. Bei Berti war das nicht anders. Am liebsten trug er ein dunkelgrünes Hemd, eine braune Hose sowie einen farblich passenden Gürtel. Eitel war Berti deshalb nicht. Viel wichtiger fand er es, dass seine Kleidung bequem saß.

Eine Ausnahme gab es bei Berti allerdings. Und die betraf seine Socken. Am liebsten mochte er geringelte Socken. Zwei Paar besaß er davon: eines war grün-weiß geringelt, eines rot-weiß. Doch Berti trug nie an beiden Füßen die gleiche Farbe. Am linken Fuß hatte der Wichtel grundsätzlich eine grün-weiß geringelte Socke an, am rechten Fuß eine rot-weiß geringelte. Wann genau Berti sich dazu entschieden hatte, das wusste er nicht mehr genau. Er wusste nur, dass er die unterschiedlichen Socken einfach viel schöner fand.

An diesem Abend jedoch sorgten ausgerechnet die Socken für gewaltige Unruhe bei Berti. Ganz einfach, weil er sie nicht fand. Zumindest die rote Socke lag nicht da, wo er sie hingelegt hatte.

Wie es sich für einen ordentlichen Wichtel gehörte, hatte Berti am Vortag gewaschen. Zwei rote Handtücher zusammen mit einer rot-weiß geringelten Socke. Danach hatte er die Sachen vor dem Haus auf seine Bank gelegt. Weil es im Wohnzimmer von Familie Auermann tagsüber angenehm warm war, konnte die Wäsche hier prima trocknen. Doch als Berti am Abend seinen Kopf aus der Wohnungstür steckte, lagen nur die zwei Handtücher auf der Bank. Die Socke war verschwunden.

Das konnte doch gar nicht sein! Berti bückte sich und schaute unter die Bank. Nichts. Er rückte sie sogar ein Stück von der Wand ab und blickte dahinter. Auch nichts. Berti war ratlos. Er setzte sich auf seine Bank und blickte sich um. Wer konnte die Socke mitgenommen haben? Mit Sicherheit hatten Sarah und Max die Wäsche tagsüber entdeckt. Doch es war nicht das erste Mal, dass Berti die Bank als Wäscheständer benutzte. Und bislang hatte die Familie seine Sachen nicht angerührt. Wozu auch? Bertis Sachen waren selbst Sarah viel zu klein. Was nun?

Berti sah auf seine Füße hinunter. Der linke Fuß steckte in einer grün-weiß geringelten Socke, rechts war er barfuß. Eine zweite grün-weiße Socke anzuziehen, das kam für ihn nicht infrage. Er musste das Gegenstück finden. Er nahm sich seine Laterne und lief los. Er durchsuchte das Wohnzimmer, blickte unter jeden Sessel und unter das Sofa – vergeblich. Dann schlich er in die Diele. Als er seine Suche gerade in der Küche fortsetzen wollte, blieb er stehen. "So ein Blödsinn", murmelte er leise. "Wieso sollte meine Socke ausgerechnet in der Küche liegen?"

Auf Zehenspitzen und fast lautlos bewegte er sich am schlafenden Wuschel und Sarahs Puppenwagen vorbei und machte sich auf den Weg ins Obergeschoss. Jetzt musste er vorsichtig sein. Aufmerksam horchte er in die Dunkelheit, bevor er das Zimmer von Max betrat. Der Junge lag in seinem Bett und schlief tief und fest. Berti leuchtete das Zimmer aus und vergaß auch die Wäscheschublade nicht. Doch hier lagen nur Max' eigene Socken. Die waren viel größer als seine.

Berti verließ den Raum so leise wie er gekommen war und wandte sich Sarahs Zimmer zu. Unterwegs kam er am Badezimmer vorbei. Dabei fiel ihm ein, dass die Familie hier einen großen Wäschekorb aufgestellt hatte. Vielleicht war seine Socke versehentlich dort hineingeraten? Berti betrat das Bad. Direkt neben Tür stand ein großer geflochtener Korb. Zum Glück hatte der keinen Deckel.

Berti stellte seine Laterne am Boden ab und kletterte geschickt am Weidengeflecht nach oben. Dort angekommen, lugte er vorsichtig über den Rand. Er durfte keinesfalls das Gleichgewicht verlieren, sonst plumpste er am Ende noch hinein. Der Blick in den Wäschekorb war jedoch enttäuschend: Der Korb war leer! Mama Sabine musste auch gerade erst gewaschen haben.

Berti machte sich an den Abstieg. Ein letzter Blick durch den Raum, dann begab er sich mit seiner Laterne in Sarahs Zimmer. Anders als Max hielt das Mädchen es mit der Ordnung nicht ganz so genau. Überall im Zimmer lagen Spielsachen herum. Berti musste aufpassen, dass er nicht über Puppen und Stofftiere stolperte.

Auch in diesem Kinderzimmer suchte der Wichtel gründlich, aber vergeblich. Kopfschüttelnd stand er mitten im Raum und betrachtete Sarahs Spielzeug. Sein Blick blieb an einer Puppe hängen. Auch sie trug keine Socken. "Na, du bekommst sogar zwei kalte Füße, ich habe nur einen", murmelte der Wichtel und schaute auf die kleinen Plastikfüße der Babypuppe.

In diesem Moment durchzuckte es ihn! Puppen, der Puppenwagen! Natürlich, das war es. So schnell er konnte, stieg Berti mit seiner Laterne die Treppe hinunter ins Erdgeschoss. Da stand er, Sarahs Puppenwagen. Der Wichtel wusste, dass das Mädchen am Nachmittag mit seiner Lieblingspuppe eine Ausfahrt unternommen hatte. Dabei war Sarah die Puppe in den Schnee gefallen und nass geworden. Puppe und Puppenwagen mussten daher auf Anweisung der Mama hier unten vor der Heizung stehenbleiben und durften erst morgen wieder mit ins Kinderzimmer.

Der Puppenwagen war nicht sehr hoch. Trotzdem konnte Berti nicht ohne Weiteres hineinschauen. Er ging in die Hocke, holte Schwung und sprang hoch. Mit beiden Händen hielt er sich am Rand des Wagens fest und zog sich nach oben. Endlich konnte er über den Rand schauen. Da lag Sarahs Lieblingspuppe. Sie trug ein blaues Kleid und hatte dazu passend eine blaue Socke an – richtig, nur eine. Die andere Socke war rot-weiß geringelt. Es war Bertis.

Der Wichtel schnaufte erleichtert durch und kletterte dann vollends in den Puppenwagen. Warum Sarah sich die Socke geschnappt hatte, wusste er nicht genau. Vielleicht war das zweite blaue Exemplar im Schnee verlorengegangen, oder Sarah hatte es zum Trocknen irgendwo aufgehängt. Auf jeden Fall wollte das Mädchen nicht, dass ihre Lieblingspuppe kalte Füße bekam. Naja, dafür habe ich einen bekommen, dachte Berti und schaute auf seinen rechten Fuß.

Dann zog der Wichtel der Puppe die Socke aus und schlüpfte mit dem Fuß selbst hinein. Ah, das war schön warm, freute sich der Wichtel. Böse war er Sarah nicht. Aber vielleicht hätte sie ihm einen Zettel hinlegen können. Dann hätte er nicht die ganze Zeit suchen müssen. "Aber jetzt weiß ich schon, womit ich ihr eine Freude machen kann", kicherte Berti leise. "Obwohl ich das Stricken schon in der Schule nicht wirklich mochte ..."

15

Berti bekommt einen Auftrag

Berti saß am Frühstückstisch. Vor ihm auf dem Teller lag ein knuspriges Brot mit herzhaftem Kräuter-Aufstrich. In seiner Tasse dampfte gesüßter Tee. Doch anstatt zu essen, las Berti bestimmt zum x-ten Mal einen Brief durch. Dieser Brief war von Max und hatte vor seiner Tür gelegen.

Berti war verwundert. Nicht nur darüber, dass Max geschrieben hatte, sondern vor allem darüber, was der Junge geschrieben hatte. (Wie der Junge es geschrieben hatte, darüber sah Berti großzügig hinweg. Schließlich war Max noch nicht lange in der Schule!) So einen Brief hatte Berti in seinem langen Wichtelleben noch nie bekommen. Denn Max' Brief enthielt einen Auftrag.

Lieba Berti,

Justus ist in meiner Klase. Er ist nätt. Aba er glaupt nich an Wichtel. Er sakt, die Wichteltüa zuhause haben seine Elton aufgebaut. Übamorgen komt er zum Schpielen zu uns. Er soll auch an Wichtel glaupen. Kanzt du im bite einen Schtreich spiln? Das wär tol.

Max

Berti legte den Brief zur Seite, nahm seine Brille ab und putzte sie an einem Hemdzipfel. Das machte er manchmal, wenn er besonders scharf nachdenken musste.

So ganz hatte der Wichtel die Situation nicht verstanden. Wenn ein Kind oder ein anderes Familienmitglied nicht an den Wichtelzauber glaubte, war es üblich, dass sich der Wichtel bei der Familie vor Ort um die betreffende Person kümmerte. Der eine oder andere witzige Streich half in der Regel Wunder.

Doch vielleicht waren die Streiche noch nicht gut genug gewesen. Oder der Wichtel, der bei Justus und seiner Familie eingezogen war, hatte einfach zu wenig Erfahrung. Berti überlegte. Es war nicht üblich, dass sich Wichtel in Angelegenheiten anderer Wichtel einmischten. Es sei denn, sie wurden im Rahmen der Nachbarschaftshilfe darum gebeten. Das war aber hier nicht der Fall.

Berti stand auf und durchsuchte sein Regal. Er nahm ein dickes, blaues Buch heraus: die Wichtel-Ordnung. Dieses Buch hatte jeder Wichtel zu Hause. Hier stand alles drin, was ein Wichtel wissen musste oder sollte. Berti legte das Buch auf den Tisch und blätterte eifrig darin. Endlich – er hatte das richtige Kapitel gefunden. Halblaut las er, was dort stand. Nach ein paar Minuten schlug er das Buch wieder zu, stellte es zurück ins Regal und nickte zufrieden.

Er konnte Max helfen. Zwar gehörte Justus nicht zur Familie und kein anderer Wichtel hatte Berti um Hilfe gebeten. Da der Junge sich aber übermorgen im Haus von Max und seiner Familie aufhielt, durfte Berti in Sachen Wichtel-Zauber etwas nachhelfen. Magie am hellichten Tag? Der Wichtel wiegte seinen Kopf hin und her. Einfach würde das nicht werden. Denn er durfte gegen keine Vorschriften verstoßen. Hier musste er sicherlich seine Nase noch einmal gründlich in die Wichtel-Ordnung stecken. Aber ihm würde bestimmt etwas einfallen. Und Max sollte ihm dabei helfen.

Die lauten Stimmen waren nicht zu überhören. Erst hatten Max und Justus eine ganze Zeit lang draußen im Schnee getobt, jetzt saßen sie im Wohnzimmer. Der Blick von Justus fiel auf die Wichteltür und die kleine Bank davor. "Ach, haben deine Eltern auch eine Wichteltür aufgebaut?", fragte er nur und verzog das Gesicht. Am liebsten hätte sich Max jetzt richtig aufgeregt, doch er blieb ruhig. Er vertraute auf Berti. Deshalb zuckte er nur mit den Schultern. In diesem Moment kam Sabine Auermann herein und stellte den Kindern heißen Kakao und eine Schale mit Keksen auf den Tisch. "Klasse, die sehen lecker aus", freute sich Justus und nahm sich einen Keks.

Die Jungs futterten zufrieden. Als Justus erneut in die Keksschale greifen wollte, bewegte die sich plötzlich zur Seite. "Huch! Was war das denn?", fragte Justus. "Was war was?", fragte Max unschuldig. "Die Kekse, sie haben sich bewegt!" "Das kann gut sein", antwortete Max und lächelte.

"Unser Wichtel mag Mamas Kekse auch gerne. Vielleicht möchte er uns sagen, dass wir ihm welche abgeben sollen." "Blödsinn", sagte Justus. "Das gibt es gar nicht." Doch er wirkte verunsichert. Er wollte erneut in die Keksschale greifen. Und wieder rutschte die Schale zur Seite. Diesmal in die andere Richtung. Justus zuckte zusammen. "Das gibt's doch gar nicht! Das ist ein Trick!" Er griff blitzschnell nach der Schale und hob sie hoch, um zu gucken, was darunter war.

Doch er fand nichts. "Ich glaube, ich weiß, wie wir die Sache regeln", sagte Max. Er stand auf, nahm drei Kekse aus der Schüssel und legte sie auf Bertis Bank.

"Was machst du da?" Justus war völlig durcheinander. "Ich biete unserem Wichtel auch Kekse an. Wetten, dass sich die Schale dann nicht mehr bewegt?" Justus fiel darauf nichts ein. Max setzte sich wieder an den Tisch und nahm sich einen Zimtstern aus der Schale. Justus zögerte noch. Doch dann griff auch er nach einem Keks. Und diesmal blieb die Schale dort, wo sie war.

Schweigend aß der Junge seine Makrone. "Du, Max", sagte er nach ein paar Minuten. "Was du da gerade gesagt hast, ich meine, mit eurem Wichtel. Meinst du das ernst?" "Natürlich", antwortete Max. "Soll ich ihm die Kekse wieder wegnehmen?" "Nein, nein", sagte Justus schnell. Offensichtlich wollte er vermeiden, dass sich die Schale noch einmal in Bewegung setzte. "Glaubst du, unser Wichtel mag auch Kekse?" Auf einmal stellte er die Existenz der kleinen Wesen offenbar nicht mehr infrage. "Weiß ich nicht", sagte Max. "Stell ihm doch heute Abend welche vor die Tür. Dann weißt du es." "Gute Idee", sagte Justus.

Berti stand unterdessen hinter seiner Gardine und freute sich. "Mission erfüllt", lachte er leise. Von seinem Fenster aus hatte er die Keksschale mit dem Zauberstab in Bewegung versetzt. Nicht einfach, aber es hatte funktioniert. Vorab hatte er Max einen kurzen Brief geschrieben und ihn nur gebeten, sich am Nachmittag mit Justus und einer Keksschale ins Wohnzimmer zu setzen. Was er vorhatte, verriet er nicht. Doch er wusste, Max würde richtig reagieren. Und genau das hatte er getan.

Bevor Berti diesen Plan in die Tat umsetzte, hatte er lange in der Wichtel-Ordnung nachgelesen. Letztlich war er sicher, dass er gegen keine Vorschrift verstoßen würde. Die Kinder hatten zwar den Zauber bemerkt, aber Berti selbst dabei nicht entdeckt. Nicht gesehen werden – das war für Wichtel die Hauptsache!

Die Kekse vor seiner Tür, die würde Berti allerdings liegenlassen. Max konnte sie bei Gelegenheit gerne gegen Erdnüsse oder grüne Paprika eintauschen.

16

Eine wichtelmäßig gute Medizin

Wo Sarah sich die dicke Erkältung geholt hatte, das wusste niemand so genau. Eigentlich spielte es auch keine Rolle. Seit drei Tagen hustete das Mädchen fast ununterbrochen. Ihre Nase lief und auch sonst fühlte sie sich ziemlich schlapp. An einem Abend hatte Sarah sogar ein bisschen Fieber. Vorsichtshalber ging die Mama mit ihr zum Arzt. Doch der konnte nichts Außergewöhnliches feststellen. Er verordnete Hustensaft und Nasenspray und riet der Mama, Sarah solle sich einfach ein paar Tage richtig ausruhen. Dann würde die Erkältung von alleine wieder verschwinden.

Doch damit wollte Sarah sich nicht zufriedengeben. Im Bett oder auf dem Sofa herumliegen, während draußen die Schneeflocken vom Himmel tanzten?! "Das ist so ungerecht", jammerte das Mädchen. Doch das war für die Vierjährige nicht einmal das Schlimmste. Am Wochenende wollten die Kinder mit Oma und Opa auf den Weihnachtsmarkt gehen. Doch wie es jetzt aussah, würde Sarah wohl zu Hause bleiben müssen.

Das Mädchen war sauer und traurig zugleich. "Du kannst nur mit, wenn du wieder gesund bist. Wenn du aber zu schlapp bist, um am Freitag in den Kindergarten zu gehen, dann wirst du auch am Samstag hierbleiben", sagte die Mama energisch. "Gibt es nicht eine Medizin, damit ich schneller wieder gesund werde?", quengelte Sarah. "Eine solche Erkältung dauert einfach ein paar Tage. Es gibt kein Wundermittel. Und das brauchst du auch nicht. Und jetzt ist Schluss", beendete die Mama die Diskussion.

Berti hatte Mitleid mit Sarah. Ein Weihnachtsmarktbesuch! Das war eine tolle Sache. Geschmückte Buden und Stände, Lichter, der Duft nach gebrannten Mandeln – herrlich! Berti wusste allerdings nicht, ob er Sarah helfen konnte. Zwar wurden auch Wichtel ab und zu mal krank. Doch ob die Medizin, die bei seinesgleichen dagegen half, auch bei Menschen wirkte? Da war sich Berti nicht ganz sicher.

Aber wozu hatte er schließlich seine gut sortierte Wichtel-Bibliothek? Damit meinte Berti sein großes Bücherregal. Neben der Wichtel-Ordnung standen hier noch jede Menge andere, ausgesprochen hilfreiche

Nachschlagewerke. Eines davon beschäftigte sich mit der Wichtel-Medizin. "Erste Hilfe für Wichtel", hieß das Buch.

Berti zog es aus dem Regal und setzte sich damit in seinen Lieblingssessel. Ein ganzes Kapitel widmete sich dem Thema Erkältungen. Hier waren zahlreiche gut erprobte Hausmittel aufgelistet. Berti hatte einige davon im Laufe seines Wichtellebens selbst schon eingenommen.

Berti las weiter. Zur Wirkung beim Menschen stand hier leider nichts. Oder doch? Tatsächlich, ganz unten unter dem Rezept für den "Wichtel-Erkältungstrunk" war der Satz vermerkt: "Dieser hilfreiche und heilende Trunk kann auch bei Menschen angewendet werden. Zahlreichen Versuchen zufolge ist die Wirkung sogar erstaunlich gut. Allerdings ist dieser Trunk für menschliches Empfinden nicht sehr schmackhaft. Daher besteht die Schwierigkeit eher darin, den Menschen diese Flüssigkeit in irgendeiner Form zuzuführen."

Berti musste lachen. Die Wichtel, die dieses Buch geschrieben hatten, waren sicherlich sehr schlau und wussten viel über Medizin. Aber sie drückten sich doch sehr kompliziert aus. "Sie hätten doch einfach schreiben können: Der Saft schmeckt nicht. Deshalb bekommen die Menschen ihn gar nicht runter", kicherte er.

Er hatte gefunden, was er wissen wollte. Um Sarah zu helfen, konnte er diesen Wichtel-Erkältungstrunk anrühren. Die Zutaten würden sich sicherlich irgendwie beschaffen lassen. Wie er das Mädchen dazu brachte, den Saft zu trinken, war eine ganz andere Frage.

Die halbe Nacht war Berti damit beschäftigt, die notwendigen Zutaten zusammenzusuchen. Die wichtigsten Kräuter hatte er sogar vorrätig. Einige andere entdeckte er zu seinem eigenen Erstaunen in Sabine Auermanns Küche. Doch mit den Zutaten alleine war es nicht getan. In der Wichtelmedizin kam es vor allem auf die Verarbeitung und Zubereitung an. Das alles war sehr aufwendig, aber enorm wirkungsvoll.

Als fast der Morgen graute, war Berti fertig. Vor ihm stand ein kleiner Krug, gefüllt mit einer dunkelbraunen Flüssigkeit. Berti schnupperte. Der Trunk roch intensiv, aber für sein Empfinden nicht schlecht. Die kleine Sarah sah das vermutlich anders. Deshalb fügte Berti eine kleine Menge Himbeersirup hinzu. Dieser Sirup war so süß, dass er den bitteren Geschmack sicher überdecken würde.

Während der letzten Stunden hatte er außerdem überlegt, wie er Sarah dazu bringen konnte, den Saft zu trinken. Und er hatte eine Idee. Dreimal täglich musste Sarah ihren Hustensaft einnehmen. Bei der Kräutersuche in der Küche hatte er die Flasche auf dem Schrank entdeckt. Und dieser Hustensaft hatte fast die gleiche Farbe wie sein Wichtel-Trunk. Zum Hustensaft gehörte ein kleiner Messbecher. Dort hinein füllte die Mama jedes Mal die erforderliche Menge.

Berti blickte auf die Uhr. Bald stand die Familie auf. Jetzt musste er schnell sein. So rasch er konnte, deckte er den Frühstückstisch für die Familie. Auf Sarahs Platz stellte er die Flasche mit dem Hustensaft, davor den kleinen Messbecher. Doch anstelle des Hustensaftes füllte er seinen selbst gebrauten Erkältungstrunk hinein.

Alles zusammen eine prima Ablenkung! Sabine Auermann würde sich über den geckten Tisch freuen und nicht daran denken, dass Berti getrickst hatte. Und Sarah würde glauben, die Mutter hätte ihr den Saft bereits eingefüllt. Berti blickte wieder auf die Uhr. Jetzt aber schnell. Er verschwand in seiner Wohnung. Und seine List ging auf.

"Oh, der Hustensaft ist aber lecker!", sagte Sarah wenig später erfreut. "Der schmeckt gar nicht so bitter wie sonst." "Aber Sarah, das ist doch derselbe Saft wie immer", entgegnete die Mama erstaunt. "Trotzdem schmeckt er heute süß", sagte Sarah. Und kurz darauf fügte sie hinzu: "Und irgendwie wirkt er auch anders als sonst. Ich fühle mich schon viel besser." "Aber Sarah", tadelte die Mama. "Das ist doch Quatsch." "Nein, ist es nicht", widersprach das Mädchen. Sabine Auermann öffnete die Hustensaftflasche und roch daran. Der Saft roch wie immer.

Trotzdem musste die Mama erstaunt feststellen, dass Sarah den ganzen Tag über kaum noch hustete. Und auch der Schnupfen schien wie weggeblasen. Vergnügt hüpfte das Mädchen im Haus herum und dachte gar nicht daran, sich wieder hinzulegen. "Du, Mama, ich glaube, ich kann morgen wieder in den Kindergarten gehen", sagte sie am Abend vor dem Schlafengehen. Prüfend blickte Sabine Auermann ihre Tochter an. Doch es gab keinen Grund, ihr zu widersprechen. Sie nickte. "Also gut, du kannst!" "Juhuuu!", rief Sarah laut. So laut, dass es sogar Berti in seiner Wohnküche hörte. "Und dann darf ich am Samstag mit auf den Weihnachtsmarkt!" "Gut, ist genehmigt", lächelte die Mama.

Am Abend ging sie noch einmal in die Küche. Sie nahm die Flasche mit dem Hustensaft, öffnete sie und roch daran. Dann schüttelte sie den Kopf. Merkwürdig, der Saft roch doch tatsächlich wie immer ...

17

Berti, der Schlafwandler

Ein Vollmond in einer klaren Winternacht hat etwas Magisches. Wenn der helle Lichtschein die Dunkelheit erhellt, möchte man am liebsten wach bleiben und die ganze Zeit über diesen wunderbaren Anblick genießen. Doch so schön dieses Naturschauspiel auch anzusehen ist, für Wichtel hat es seine Tücken. Denn Wichtel neigen bei Vollmond zum Schlafwandeln.

Die kleinen Zeitgenossen wandern dann umher, ohne es zu bemerken. Dabei können sie sich stoßen, hinfallen oder sich anderweitig verletzen. Die größte Gefahr besteht jedoch darin, dass sie von einem Menschen entdeckt werden.

Damit dies alles aber nicht passiert, haben die Wichtel eine bewährte Methode entwickelt, um sich vor dem Schlafwandeln zu schützen. Vor jeder Vollmondnacht nehmen sie eine grüne Kapsel ein. Diese Kapsel enthält ein wirksames Gegenmittel. So kann den Wichteln auch der hellste Vollmond nichts anhaben. Sie gehen wie gewohnt ihrer Arbeit nach und verbreiten Weihnachtsfreude bei den Menschen.

Warum Berti es an diesem Abend versäumte, die magische Kapsel einzunehmen, daran konnte er sich später nicht mehr erinnern. Er wusste nur, dass er unglaubliches Wichtel-Glück gehabt hatte. Wie jeden Abend saß Berti in seiner gemütlichen Wohnküche und stärkte sich mit einem kräftigen Frühstück für die kommenden Stunden. Er hatte einiges vor in dieser Nacht. Vor allem musste er sich um die defekte Weihnachtsbeleuchtung kümmern. Der Lichterbogen in der Küche funktionierte nicht ordentlich. Vermutlich musste eine Glühbirne ausgetauscht werden. Berti notierte dies als ersten Punkt auf seiner Liste.

Als die Familie ins Bett gegangen war, öffnete Berti leise seine Wohnungstür und stieg die Treppe hinunter. Unten angekommen, wunderte er sich. Hatte jemand vergessen, im Wohnzimmer das Licht auszumachen? Es war ungewöhnlich hell im Raum. Doch das lag nicht an der Wohnzimmerlampe. Durch die Ritzen der Jalousien fiel das helle Licht des Vollmondes ins Zimmer. Als Berti das bemerkte, war es bereits zu spät.

Einen Moment lang blieb der Wichtel wie angewurzelt stehen. Dann bewegte er sich vorwärts. Die Augen waren geschlossen. Die Arme streckte er ein Stück nach vorne. Dann marschierte er los. Weil er jedoch nichts sah, stieß sich Berti als erstes den Kopf am Tischbein. Zum Wachwerden reichte das jedoch nicht aus. Reflexartig fasste sich der Wichtel an die Stirn und ging weiter. Ein paar Minuten lang wanderte Berti ziellos durchs Wohnzimmer. Dabei stolperte er über Max' batteriebetriebenes Feuerwehrauto, das mitten auf dem Teppich lag. Dummerweise erwischte er mit seinem Knie auch noch den Schalter für den Sirenenton.

"Tatütata" tönte es plötzlich aus dem Auto. Berti bekam davon jedoch nichts mit und wandte sich der Wohnzimmertür zu. Die war nur angelehnt. Mit unsicheren Schritten tappte der Wichtel in die Diele. Unschlüssig blieb er stehen. Dann steuerte er auf die Kommode zu. Die war groß und schwer, hatte verschiedene Fächer und Schubladen und diente der Familie als Ablage für alle möglichen Sachen: Schals, Handschuhe und Mützen, Notizzettel, Kugelschreiber und die Autoschlüssel.

Schlafwandelnde Wichtel besitzen erstaunliche Fähigkeiten. Und so war es nicht verwunderlich, dass Berti begann, an der Kommode hinaufzuklettern. Obwohl er nichts sah, hangelte er sich über die Griffe der Schubladen und die Regale bis ganz nach oben. Dort blieb er stehen. Für einen so kleinen Wichtel wie Berti hatte die Kommode eine beachtliche Höhe.

Dass sein Aufstieg neugierig beobachtet wurde, davon merkte Berti nichts. Von den Geräuschen im Wohnzimmer und der Spielzeugsirene wach geworden, hatte Wuschel neugierig den Kopf gehoben. Aufmerksam beobachtete der Hund von seinem Körbchen aus, was der kleine Mann mit der Zipfelmütze dort an der Kommode machte.

Wuschel bellte nicht. Instinktiv spürte er, dass von diesem kleinen Etwas keine Gefahr ausging. Im Gegenteil. Irgendetwas sagte ihm, dass sich das Wesen dort gerade selbst in Gefahr begab. Wuschel erhob sich und tapste zur Kommode hinüber. Er blieb stehen und streckte seine Nase nach oben.

Berti schlafwandelte immer noch. Schritt für Schritt setzte er sich wieder in Bewegung. Er erreichte das Ende der Kommode. Dort blieb er stehen und machte sich wieder an den Abstieg. Wuschel beobachtete ihn genau.

Es passierte, als Berti fast wieder unten war. Auf einmal fanden seine kleinen Hände keinen Halt mehr. Er rutschte ab. Hatte Wuschel das geahnt? Blitzschnell schob der Hund seinen Kopf nach vorne. Es war genau der richtige Moment. Anstatt unsanft auf den Fußboden zu fallen, landete Berti mit einem Plumps bäuchlings auf Wuschels Nase.

Leicht benommen öffnete Berti die Augen. Er erschrak. Was er sah, waren zwei große, braune Hundeaugen – direkt vor seiner Nase. Seine Hände fassten in das weiche Fell und hielten sich fest. Wo war er?

Noch bevor Berti verstand, was passiert war, tapste der Hund bereits ins Wohnzimmer. Berti schaukelte hin und her, krampfhaft hielt er sich an Wuschel fest. Der wusste offenbar genau, wohin das kleine Wesen mit der Zipfelmütze gehörte. Vor der Wichteltür blieb Wuschel stehen. Er senkte den Kopf und schüttelte sich leicht. So als wollte er zu Berti sagen: Jetzt lass schon los, deine Hände zwicken an meiner Nase!

Berti löste seinen Griff. Rückwärts glitt er wie auf einer Rutsche langsam von Wuschels Schnauze herunter und landete auf dem Boden. Der Hund reckte seine feuchte Nase noch einmal zu Berti hinunter, dann drehte er sich um und verschwand wieder in seinem Körbchen.

Der Wichtel blieb einen Moment lang regungslos auf dem Boden sitzen. Er versuchte, seine Gedanken zu sortieren. Dann schlug er sich mit einer Hand vor die Stirn. Die Kapsel! Der Vollmond! Auweia! Das war Berti in seinem ganzen Leben noch nie passiert. Und es würde ihm auch hoffentlich nie wieder passieren, dachte er. Völlig erschöpft kletterte Berti über die Leiter in seine Wohnung. Er wollte nur noch in sein Bett. Um die defekte Weihnachtsbeleuchtung würde er sich morgen kümmern.

18

Panne bei der Weihnachtspost

Wichtel sind sehr vielseitig. Sie backen, basteln und werkeln und sind nicht zuletzt auch als Briefträger unterwegs. Denn ihre Aufgabe ist es, die Wunschzettel der Kinder an den Weihnachtsmann zu übermitteln. Im Laufe seines Wichtellebens hatte Berti zahllose Wunschzettel in den Händen gehalten. Handgeschrieben oder ausgedruckt, gemalt oder beklebt: Je nach Alter der Kinder sahen die Briefe ganz unterschiedlich aus. Keiner glich dem anderen. Und Berti war immer wieder fasziniert, wie kreativ die Kinder die Zettel gestalteten.

Traditionell legen Kinder die Briefe vor der Wichteltür ab, damit die Wichtel sie später in Empfang nehmen können. Und nur ganz selten kommt es vor, dass Menschenkinder vor lauter Aufregung nicht an die Wunschzettel denken und von den Wichteln daran erinnert werden müssen.

Sarah und Max hatten ihre Wunschzettel noch nie vergessen. Was gab es denn auch Schöneres, als all die Dinge aufzuschreiben oder aufzumalen, die man gerne unter dem Weihnachtsbaum liegen hätte? Da Sarah noch nicht schreiben konnte, ihren Wunschzettel aber unbedingt alleine gestalten wollte, blätterte das Mädchen bereits seit Tagen eifrig in Prospekten. Spiel- oder Bastelsachen, die ihr besonders gut gefielen, schnitt sie aus und klebte sie sorgfältig auf ein weißes Blatt.

Max bemühte sich um seine schönste Schrift. Zwar gelangen dem Erstklässler längst nicht alle Wörter fehlerfrei. Doch das war nicht so schlimm, fand Max. Sein guter Wille zählte!

Am Sonntagabend war es soweit. Vor dem Schlafengehen legten die Geschwister feierlich ihre Wunschzettel vor Bertis Wohnung ab. Sie hatten die Blätter extra klein zusammengefaltet, damit der Wichtel sie leichter transportieren konnte. "Und denkt daran: Das sind Wunschzettel, keine Ich-bekomme-Zettel", ermahnte Sabine Auermann ihre Kinder mit einem Augenzwinkern. "So viel Platz hat der Weihnachtsmann gar nicht in seinem Sack." "Aber Mama, das wissen wir doch", beruhigte Max seine Mutter. "Aber wenn wir viele Sachen aufschreiben, dann ist es für den Weihnachtsmann doch viel leichter. Er kann auswählen, was wir bekommen sollen!" Sarah nickte zustimmend. "Na, das ist natürlich ein Argument", lachte die Mama.

Am späten Abend holte Berti die Wunschzettel in seine Wohnung. Damit es bei der Zustellung dieser wichtigen Post nicht zu Verzögerungen kam, machte er sich gleich auf den Weg. Berti musste auf das Dach der Familie klettern. Denn dort, direkt am Schornstein, befand sich der Briefkasten für die Wichtel-Weihnachtspost. Dieser Briefkasten wurde regelmäßig geleert, und zwar pünktlich um Mitternacht.

Um Viertel nach elf zog Berti sich warme Sachen und dicke Handschuhe an. Normalerweise führte der einfachste Weg zum Briefkasten über einen offenen Kamin. Nur leider gab es den bei Familie Auermann nicht. Für Berti bedeutete dies, dass er den umständlicheren Aufstieg über das Regenrohr wählen musste. Das war nicht unproblematisch. Allerdings wurden diese Aufstiege bei den Wichteln immer wieder trainiert.

Berti verstaute die Wunschzettel in der Innentasche seiner Jacke, packte noch ein kurzes, aber kräftiges Seil ein und schlich nach draußen in den Garten. Das Regenrohr befand sich hinter einer Hausecke. Berti zog das Seil aus seiner Tasche, schlang es um das Regenrohr und packte die Seilenden fest mit beiden Händen. Dann lehnte er sich etwas nach hinten und stemmte seine Stiefel gegen das Rohr. Indem er das gespannte Seil mit den Händen nun Stück für Stück nach oben ruckelte, konnte er Schritt für Schritt am Rohr entlang nach oben klettern. Eine bewährte und seit Wichtelgenerationen bestens erprobte Klettertechnik!

Oben angekommen, packte Berti den Rand der Dachrinne und zog sich hoch. Das Seil verstaute er in seiner Tasche. Der restliche Weg war deutlich einfacher. Denn die Dachziegel waren rau und boten seinen Stiefeln sicheren Halt. Auf dem Dachfirst angekommen, balancierte Berti zum Kamin. Dort war der Briefkasten.

Aber was war denn das? Am Briefkasten hing ein Schild: "Leerung später!" Fassungslos starrte Berti auf das Schild. So etwas hatte er noch nie erlebt! Leerung später? Warum? War der Wichtel-Zusteller krank geworden? Und was hieß bitteschön "später"? In einer Stunde, morgen, übermorgen? Fragen über Fragen, auf die er keine Antwort wusste.

Berti setzte sich auf den Dachfirst. Er musste sich einen Moment ausruhen und nachdenken. Es war üblich, dass jeder Wichtel-Zusteller für die tägliche Tour durch sein Gebiet einen Rentier-Schlitten aus dem Stall des Weihnachtsmannes nutzen durfte. Das sparte Zeit, denn diese Rentier-Gespanne waren unglaublich schnell. Vielleicht war eines der Tiere verletzt und konnte nicht fliegen? Berti machte sich Sorgen. Schließlich mussten doch die Wunschzettel von Sarah und Max rechtzeitig beim Weihnachtsmann ankommen!

Der Wichtel wusste nicht, wie lange er dort oben gesessen und gegrübelt hatte. Auf einmal vernahm er aus der Ferne ein Geräusch. Es war ein leises Klingeln. Und dieses Klingeln kam rasch näher. Berti hob den Kopf. Da entdeckte er am Nachthimmel einige bunte Lichter. Der Wichtel schob die Brille noch höher auf seine Nase, um besser sehen zu können. Es war offensichtlich ein Schlittengespann. Aber nicht irgendeines, sondern das Rentier-Gespann des Wichtel-Zustellers.

Berti sprang auf. Fast hätte er das Gleichgewicht verloren. Er hatte das Gefühl, ein ganzer Steinbruch polterte von seinem Herzen. So erleichtert war er. Mit Schwung rauschte der Post-Wichtel in seinem Schlitten heran und machte auf dem Dachfirst von Familie Auermann eine Vollbremsung. Wenige Zentimeter vor Berti kam er zum Stehen. "Hallo, Berti, schön dich zu sehen!" Berti seufzte. "Hallo, Leopold, schön, dass du doch noch gekommen bist! Was war denn los bei euch? Ich hatte schon Sorge, die Wunschzettel würden gar nicht abgeholt."

Leopold schaute Berti erstaunt an. "Wieso? Natürlich hole ich die Post!" Er schaute auf seine Uhr. "Ich bin doch nur drei Minuten später als sonst." "Aber was ist das denn für ein Schild?" Berti zeigte auf den Briefkasten. Post-Wichtel Leopold stieg vom Schlitten und schaute sich das Schild aus der Nähe an. Dann schlug er sich mit der flachen Hand vor die

Stirn: "Diese Schlafmützen!", schimpfte er. "Dieser Zettel ist von letzter Woche!" "Wie bitte, von letzter Woche?" Berti verstand nur Bahnhof.

Leopold erklärte: Vor einer Woche war er krank geworden. Weil es aber nicht viele Wichtel gab, die mit einem solch schnellen Rentier-Gespann umgehen konnten, musste Leopolds Zusteller-Tour verschoben werden. "Zwei Nachwuchs-Wichtel hatten die Aufgabe, in meinem Bereich Schilder aufzustellen. Sie sollten alle Wichtel bei ihren Familien darüber informieren, dass sich die Wunschzettel-Abholung um einige Tage verzögert. Seit vorgestern bin ich wieder gesund und kann fliegen. Die Schilder sollten längst wieder eingesammelt sein."

Leopold schüttelte den Kopf. "Das tut mir leid, Berti, dass sie das Schild hier offenbar vergessen haben." Berti seufzte erleichtert. "Alles okay, das kann passieren." Er zog die Wunschzettel von Sarah und Max hervor und gab sie Leopold. "Aber jetzt weiß ich, welchen Wunsch ich auf meinen Wunschzettel schreiben würde." "Welchen denn?", fragte Leopold und verstaute die Briefe in seiner großen Tasche. "Ich würde mir eine große Tafel mit Kreide wünschen. Die würde ich den beiden Schlafmützen-Wichteln ins Zimmer stellen. Auf der Tafel könnten sie dann das Wort 'alle' üben!" "Wieso das Wort 'alle'?", wollte Leopold wissen. "Na ja", sagte Berti. "Damit sie künftig wissen, dass sie auch immer alle Schilder wieder einsammeln müssen."

19

Die Wurst-Girlande

Wichtel und Tiere kommen in der Regel bestens miteinander aus. Und das ist auch wichtig. Denn viele Menschenfamilien besitzen Hunde oder Katzen, die sich im Haus frei bewegen. In diesen Fällen ist es natürlich hilfreich, wenn die Vierbeiner die nächtliche Wichtelarbeit nicht behindern.

Berti und Wuschel, der lustige Mischlingshund von Familie Auermann, verstanden sich hervorragend. Wuschel schlief nachts in der Regel friedlich in seinem Körbchen. Und selbst dann, wenn er den Wichtel bemerkte, ließ er ihn in Ruhe. Er spürte, dass dieses kleine Wesen der Familie nichts Böses wollte. Als Berti in der Vollmond-Nacht durchs Haus geschlafwandelt war, hatte Wuschel ihm sogar geholfen.

Dafür war Berti dem Hund unheimlich dankbar. Deshalb hatte er sich entschlossen, Wuschel eine Freude zu bereiten. Wie die aussehen konnte, dass wusste Berti ganz genau. Denn Wuschel liebte jede Art von Wurst. Vor allem aber mochte er Bratwürstchen.

An diesem Abend hantierte Berti in seiner Wichtelküche. Er hatte sich eine ganze Packung Bratwürstchen besorgt. Allerdings nicht die großen, sondern Mini-Würstchen. Diese Mini-Bratwürstchen waren einfach ideal für die Überraschung, die er für Wuschel geplant hatte.

Berti holte das Fleisch aus der Packung und bereitete es in der Pfanne zu. Danach ließ er die Würstchen abkühlen und förderte in der Zwischenzeit aus einer Schublade eine lange Schnur zutage. Mit einem Spieß bohrte er im Anschluss in ein Ende jeder Wurst ein kleines Loch. Zum Schluss fädelte er die Würstchen nach und nach auf die Schnur. Und fertig war die Wurst-Girlande!

Diese Girlande wollte Berti gleich vor Wuschels Körbchen aufhängen. Bestens geeignet war dafür der große Busch geschmückter Tannenzweige, den Sabine Auermann in der Diele in eine Vase gestellt hatte – fast unmittelbar neben dem Hundekörbchen. Ein perfekter Plan, fand Berti.

Er packte die Würstchen-Girlande in einen Beutel und verließ seine Wohnung. Auf Zehenspitzen schlich er durchs Wohnzimmer und in die Diele hinaus. Jetzt musste er ganz vorsichtig sein! Vor der großen Tonvase blieb er stehen und griff nach einem langen Zweig, der fast bis auf den Boden reichte. Geschickt kletterte Berti daran hoch. Stück für Stück begann er nun, seine selbst gebastelte Wurst-Girlande in den Tannenzweigen aufzuhängen. Er achtete darauf, die Girlande möglichst am Rand zu befestigen. So konnte Wuschel leicht an die Würstchen gelangen, ohne Sabine Auermanns Weihnachtsdekoration umzureißen. Als er fertig war, warf Berti einen zufriedenen Blick auf sein Werk. "Guten Appetit, Wuschel", kicherte er leise und verschwand wieder in seiner Wohnung.

Hunde haben nicht nur gute Ohren, vor allem verfügen sie über eine ausgezeichnete Nase. Wuschel hatte die Würstchen schon gerochen, als Berti noch bei der Zubereitung war. Zu verführerisch war der Duft, der aus der Wichtelwohnung in die Diele drang. Doch Wuschel war schlau. Er wartete erst einmal ab. Mit Interesse und von Berti unbemerkt beobachtete er dann, wie der kleine Mann die gebratenen Leckerbissen in die Zweige hängte.

Kaum war Berti verschwunden, hielt Wuschel es nicht mehr aus. Er sprang aus seinem Körbchen und schnappte nach der ersten Wurst, die er in den Zweigen entdeckte. Köstlich! Womit er jedoch Schwierigkeiten hatte, war die lange Schnur. Anstatt die Würstchen einzeln abzubeißen, so wie Berti es vorgesehen hatte, zog Wuschel ungeduldig an der Girlande. Er hatte keine Lust, jede Wurst einzeln zu suchen. Er wollte die Leckerbissen am liebsten in einem Rutsch aus den Zweigen ziehen.

Das gelang Wuschel jedoch nur zum Teil. An einer Stelle blieb die Girlande hartnäckig in den Zweigen hängen. Wuschel wurde ungeduldig. Er zog und zog und begann zu knurren. Die Schnur mit den Würstchen spannte sich immer weiter, der Zweig bog sich tief hinunter.

In diesem Moment gab die Schnur endlich nach – der Tannenzweig peitschte zurück. Dabei fielen zwei Holzsterne zu Boden, die als Dekoration daran gehangen hatten. Wuschel sauste mit Schwung einen Stück rückwärts über den glatten Boden und prallte mit seinem Hinterteil gegen die Haustür.

Durch den Krach in der Diele aufgewacht, stürmte die Mama die Treppe hinunter und schaltete das Licht an. Einen Augenblick war sie sprachlos. Dann fing sie schallend an zu lachen. "Was ist hier denn los?" Auch Klaus Auermann, Sarah und Max waren wach geworden und standen in der Diele. Doch die Mama lachte immer weiter und zeigte nur auf Wuschel. Der Anblick war einfach zu komisch.

Wuschel stand in der Diele. Durch sein Gezerre und das plötzliche Loslösen der Schnur aus den Zweigen hatte sich die Girlande um seine Vorderpfoten und den Kopf gewickelt. Mama und Max befreiten Wuschel von der Schnur und pflückten die restlichen Würstchen aus der Girlande. Der Hund verzehrte sie mit Genuss. "Ich weiß zwar nicht, was hier passiert ist", sagte die Mama und schüttelte den Kopf, "aber Wuschel scheint es jedenfalls zu schmecken. Und das ist die Hauptsache." Liebevoll tätschelte sie dem Vierbeiner den Kopf.

20

Bertis Pechtag

ertis Tag begann damit, dass er mit dem linken Fuß aus dem Bett gestiegen war ... Und das allein war für den Wichtel schon kein gutes Zeichen. Als er nämlich diesen linken Fuß beim Aufstehen auf den Teppich vor seinem Bett setzte, rutschte der Teppich weg. Berti landete mit einem Plumps auf seinem Hintern. "Aua", fluchte der Wichtel und stand wieder auf. Verschlafen rieb er sich die Augen und griff dann mit einer Hand nach der Brille auf dem Nachtschrank. Dabei stieß er gegen die Teetasse, die er gestern Abend vor dem Schlafengehen dort abgestellt hatte. Die Tasse purzelte herunter. Sie ging zwar nicht kaputt, doch ein kleiner Rest Gute-Nacht-Tee, der sich noch darin befunden hatte, lief aus und verursachte eine Pfütze vor dem Bett.

"Ach, herrje", seufzte Berti. "Das kann ja heiter werden." Er setzte sich die Brille auf die Nase, schüttelte sich einmal kräftig und ging in die Küche, um einen Lappen zu holen. Nachdem er die Kleckerei auf dem Boden beseitigt hatte, ging er ins Bad, um sich zu waschen. Dann zog er sich an und kam zurück in die Küche. "Jetzt brauche ich erst einmal ein gutes Frühstück", sagte Berti. Er entschied sich für eine leckere Milchsuppe. Das war genau die richtige Mahlzeit, um gut in den Tag zu starten.

Bei der Zubereitung kochte ihm jedoch die Milch auf dem Herd über. Als er den Topf schnell zur Seite ziehen wollte, schwappte ein Schwall heißer Milch über seine Hand. "Aua", schimpfte Berti bereits zum zweiten Mal und hielt seine lädierte Hand rasch unter kaltes Wasser. Als der Schmerz nachließ, atmete Berti einige Male tief durch. Das hatte er in der Wichtelschule gelernt. Wenn es einmal stressig wurde, konnte man sich auf diese Weise schnell wieder beruhigen. Und es funktionierte zum Glück auch dieses Mal.

Nach dem Frühstück warf Berti einen Blick auf seine Liste mit den anstehenden Aufgaben. Zunächst wollte er einige seiner schönsten Papiersterne für das große Wohnzimmerfenster basteln. Danach standen zwei Reparaturen an der Holzkrippe auf dem Programm. Ein Esel hatte nämlich ein kaputtes Bein, außerdem stand einer der drei Weisen aus dem Morgenland ziemlich wackelig. Klaus Auermann hatte die große Krippe am Nachmittag schon einmal aus dem Keller geholt und dabei die Mängel bemerkt. Eigentlich wollte er sich tags darauf selbst um die Reparaturen kümmern. Aber Berti wäre nicht Berti gewesen, wenn er dem Vater diese Arbeit nicht heimlich und leise abnehmen würde.

Als Erstes widmete er sich jedoch den Papiersternen. Dafür wählte Berti ein besonders schönes Material aus. Das Papier war goldgelb und glänzend. Mit geschickten Händen markierte, schnitt und faltete der Wichtel, bis aus dem großen Bogen Papier auf seinem Tisch drei wundervolle Sterne geworden waren. Stolz blickte Berti auf sein Werk. Die Sterne waren ihm wirklich gut gelungen. Vielleicht ging heute ja doch nicht alles daneben!

Wieder bestens gelaunt wandte sich Berti jetzt der Krippenreparatur zu. Er packte sein Werkzeug in den Rucksack. Dann holte er aus einer Schublade seinen Wichtel-Spezialkleber hervor. Den würde er sicherlich brauchen. Er verließ seine Wohnung und sah sich im Wohnzimmer um. Dort, hinter der Tür, hatte Klaus Auermann die Holzkrippe abgestellt. Berti nahm die Schäden genau unter die Lupe. Ja, beide Mängel ließen sich mit seinem Superkleber sicherlich rasch beheben.

Das rechte Hinterbein des Esels war angebrochen. Vorsichtig drückte Berti einen kleinen Tropfen Wichtel-Spezialkleber auf die Bruchstelle und rückte das Bein gerade. Fertig, das ging wirklich schnell. Der Klebstoff war einfach nur genial, fand Berti.

Auch die Reparatur des Weisen sah nicht schwierig aus. Die Figur wackelte nur kräftig und musste ordentlich am Boden befestigt werden. Berti kippte die Krippenfigur etwas und legte sie dann vorsichtig auf die Seite. Sorgfältig strich er die Unterseite des Weisen mit seinem Spezialkleber ein und verschloss die Tube sofort wieder. Dann machte sich der Wichtel daran, die Krippenfigur aufzurichten. Das kostete etwas Mühe, denn Berti war selbst nicht viel größer als die Figur. Außerdem bestand die – wie alles andere Krippenzubehör – aus echtem Holz. Berti ging in die Knie, packte den Weisen an der Seite und stemmte ihn wieder hoch.

Dabei streifte er mit seinem Hemd die Unterseite der Holzfigur, die er eben mit seinem Kleber bestrichen hatte. Etwas Klebstoff haftete daran fest. Berti bemerkte dies jedoch nicht. Der Wichtel umfasste die Holzfigur fest mit beiden Armen und rückte sie wieder in ihre Position. Geschafft! Berti seufzte erleichtert und wich einen Schritt zurück, um sein Werk zu betrachten. Halt, was war das? Sein Hemd klebte an einer Ecke fest an der Krippenfigur und ließ sich nicht mehr lösen. Berti erschrak. Energisch zog er an seinem Hemd, doch der Stoff hatte sich innerhalb kürzester Zeit fest mit dem Holz verbunden. Berti unternahm einen letzten Versuch. Mit der linken Hand drückte er gegen die Figur, mit der rechten Hand riss er mit aller Kraft am Stoff. Ratsch! Endlich, das Hemd gab nach und löste sich vom Holz.

In Bertis Lieblingshemd klaffte ein großes Loch. "So ein Mist!", fluchte Berti leise und begutachtete den Schaden. Na ja, vielleicht konnte er den Riss wieder flicken. Hauptsache, er war jetzt nicht mehr mit der Holzfigur verklebt. Der Wichtel packte seine Sachen zusammen und machte sich auf den Weg zurück in seine Wohnung. Noch in der Nacht suchte er Nadel und Faden und nähte den Riss an seinem grünen Lieblingshemd. Was soll's, dachte Berti hinterher, wirklich schön sieht das Hemd jetzt nicht mehr aus, aber ich kann es immerhin noch tragen.

Was der Wichtel nicht mitbekommen hatte: Ein kleines Stück grüner Stoff war an der Krippenfigur buchstäblich kleben geblieben. Das fiel nicht einmal Klaus Auermann auf, als er am nächsten Tag die Krippe reparieren wollte und verwundert feststellen musste, dass jemand schneller gewesen war als er. Die Einzige, die dies bemerkte, war die Mama. Nachdenklich strich Sabine Auermann mit den Fingern über den weichen Stoff. Ihr Blick wanderte von der Krippe langsam durchs Wohnzimmer und blieb an der Wichteltür in der Ecke hängen. Ein Lächeln huschte über ihr Gesicht. Sie hatte da eine Idee.

21

Die Sache mit den
Marzipankartoffeln

Berti wohnte nun bereits einige Wochen bei den Auermanns. Und je näher Weihnachten rückte, umso weniger konnte sich die Familie diesem wundervollen Zauber entziehen, den der Wichtel mit viel Liebe im Haus verbreitete. Sarah und Max waren seit dem ersten Tag völlig überwältigt von all dem, was sie mit Berti erleben durften. Und das, obwohl sie ihn nicht einmal persönlich kannten! Die Mama freute sich über die vielen Aufmerksamkeiten und kleinen Überraschungen: vom gedeckten Frühstückstisch über die weihnachtlich dekorierten Spezial-Muffins bis hin zu Sarahs wiedergefundener Brille. Selbst Wuschel wäre nie auf die Idee gekommen, Bertis Existenz anzuzweifeln. Schließlich hatte er dem Wichtel in der Vollmond-Nacht bereits tief in die Augen geschaut.

Der Einzige in der Familie, der nach wie vor nicht an Wichtel glaubte, war der Papa. Als Wissenschaftler war es seine Aufgabe, alles zu hinterfragen und zu ergründen. Allein die Vorstellung, ein Zauberwesen könne sich in seinem Wohnzimmer eingenistet haben, war für Klaus Auermann einfach absurd.

Er hielt die Wichteltür nebst Bank und Schlitten für eine Weihnachtsdekoration seiner Frau Sabine. Und auch alle damit verbundenen Ereignisse wie das Verschwinden der Erdnüsse oder Wuschels Wurst-Girlande waren aus seiner Sicht lediglich geschickt inszenierte Manöver. Sämtliche Erklärungsversuche seiner Kinder oder seiner Frau wischte er mit einer Handbewegung zur Seite.

Und auch die Diskussion an diesem Abend verlief nicht anders. Die Familie saß im Wohnzimmer und spielte gemeinsam ein Kartenspiel. "Sag mal, Papa, hast du eigentlich keine Sorge, dass unser Wichtel dir mal einen richtigen Streich spielt?", fragte Max. "Wieso sollte ich davor Angst haben?", antwortete der Papa. "Na ja. Wichtel haben es nicht gerne, wenn man nicht an sie glaubt. Und wenn sie das mitbekommen, dann spielen sie den Menschen auch gerne einen Streich."

Der Papa sortierte die Karten in seiner Hand, dann blickte er seinen Sohn an. "Nein, ich habe keine Angst, dass mir jemand einen Streich spielt. Aber wenn es jemand in den nächsten Tagen tun sollte, dann weiß ich ja, wer es gewesen ist." "Ja, klar, das war dann Berti", mischte sich Sarah mit ein. "Nein, dann war das definitiv Max. Denn er hat es im Grunde gerade schon angekündigt", sagte der Papa und grinste. Beleidigt blickte Max seinen Vater an. "Ich spiele dir keinen Streich. Ich bin ja auch kein Wichtel." "Genau, nur Wichtel spielen Streiche", rief Sarah wieder dazwischen. "Jetzt hört bitte auf damit, Kinder. Lasst uns weiterspielen." Damit war die Diskussion für Klaus Auermann wieder einmal beendet.

Berti hatte das Gespräch mit Interesse verfolgt. Dass Erwachsene nicht an Wichtel glaubten, das war für ihn nichts Neues. Erfahrungsgemäß versuchten gerade die Eltern, alles auf der Welt mit Verstand und Logik zu erklären. Auch die Existenz von Wichteln wollten sie auf diese Weise widerlegen. Und wenn das nicht klappte, dann stritten "die Großen" alles einfach ab und sagten nur, der Wichtelzauber sei Quatsch. Um den Erwachsenen auf die Sprünge zu helfen, mussten die Wichtel sich in diesen Fällen oft den einen oder anderen Schabernack ausdenken.

Auch bei Klaus Auermann würde Berti um einen Streich vermutlich nicht herumkommen. Doch zunächst wollte der Wichtel es noch einmal mit kleinen Überraschungen versuchen. Sollten die den Papa jedoch auch nicht zum Umdenken bewegen, dann musste Berti zu anderen Mitteln greifen.

Als der Papa am nächsten Morgen in der Küche die Brotdose in seine Aktentasche packen wollte, fand er in der Tasche eine kleine Tüte Marzipankartoffeln. "Oh", rief Klaus Auermann seiner Frau erfreut zu, "das ist aber nett von dir, dass du mir Marzipan eingepackt hast. Das nasche ich zum zweiten Frühstück bestimmt alles auf". Die Mama drehte sich um. "Marzipan? Welches Marzipan?", fragte sie erstaunt. "Na, das hier." Der Papa hielt das Tütchen mit den Marzipankartoffeln hoch. "Die sind nicht von mir." "Wer sollte sie denn sonst in meine Tasche gelegt haben? Gestern waren sie jedenfalls noch nicht drin." "Ich war es nicht." "Der Wichtel war's, der Wichtel war's", kreischte Sarah und lachte ihren Papa an. "Blödsinn, ihr wart es vermutlich." Er packte die Marzipankartoffeln wieder in seine Tasche.

Als er in der Diele in seine Schuhe schlüpfen wollte, wunderte sich Klaus Auermann ein zweites Mal. Wieso waren die Stiefel so sauber? Er konnte sich nicht erinnern, dass er sie selbst gestern noch geputzt hatte. "Danke, Schatz!", rief er in Richtung Küche. Sabine Auermann steckte den Kopf zur Tür heraus. "Wofür jetzt schon wieder?" Wortlos hielt der Papa ihr die glänzenden Stiefel unter die Nase. "Tut mir leid, auch das bin ich nicht gewesen. Dazu hatte ich gestern gar keine Zeit mehr."

Kopfschüttelnd zog Klaus Auermann seine Stiefel an und griff nach dem Autoschlüssel. Er stutzte ein drittes Mal. Am Schüsselring hing eine kleine, rote Weihnachtskugel. Mit feiner goldener Schrift hatte darauf jemand seinen Vornamen geschrieben. Regungslos blickte Klaus Auermann auf den Schlüsselanhänger. Gerade wollte er wieder den Mund aufmachen und laut rufen. Doch er ließ es sein. "Diese Kinder", murmelte er nur und ging nach draußen zum Auto.

In der Küche saß Sabine Auermann mit den Kindern noch am Frühstückstisch. "Das Marzipan hat bestimmt Berti in Papas Tasche gepackt", sagte Max und kaute an seinem Brot. "Natürlich war das Berti", Sarah nickte zustimmend. "Mama, glaubst du das auch?", fragte sie dann ihre Mutter. "Ich war es jedenfalls nicht", antwortete die Mama und lächelte. "Aber wenn Papa das jetzt nicht einsieht, dann spielt Berti ihm doch bestimmt einen Streich?" Die Mama zuckte mit den Schultern. "Vielleicht, das weiß ich nicht. Lassen wir uns doch einfach überraschen. Wir werden es ja sehen." Max nickte. "Das glaube ich auch", sagte der Junge und kaute weiter an seinem Butterbrot.

22

Papa und der Wichtelzauber

Seit einer Stunde saß Berti in seiner Wichtelküche. Er knabberte Erdnüsse aus einer Schale und dachte angestrengt nach. Klaus Auermann, der Papa von Max und Sarah, war wirklich eine ganz harte Nuss, fand der Wichtel – sozusagen eine Erdnuss mit Schale. Weder die Marzipankartoffeln noch die geputzten Stiefel oder die Weihnachtsdekoration am Schlüsselanhänger hatten ihn überzeugen können, dass in seinem Haus etwas Magisches vor sich ging.

Für Berti bedeutete dies, dass er nun andere Saiten aufziehen musste. Was er jetzt brauchte, waren ein paar gute, nein, sehr gute Streichideen. Doch je länger er grübelte, umso weniger wollte ihm einfallen. Berti stand auf und wanderte in seiner Küche hin und her. Vielleicht ging er die ganze Sache ja auch zu kompliziert an. Und gerade dann, wenn man etwas unbedingt wollte, erreichte man nicht selten das Gegenteil. Abrupt blieb Berti stehen. Das war's! Das Gegenteil! Berti schnippte erfreut mit den Fingern. Er würde einfach genau das Gegenteil machen!

Anstatt den Papa mit Marzipankartoffeln neben seiner Brotdose zu überraschen, würde er etwas verschwinden lassen – am besten die Brotdose selbst! Und anstatt die Winterstiefel blank zu polieren, würde er sie von außen mit Mehl bestäuben und ein paar Haselnüsse hineinlegen. "Für den besonderen Tragekomfort", kicherte Berti und rieb sich vor Freude die Hände. Er konnte es kaum abwarten. Und zum Schluss würde ihm sicher auch für den Schlüsselanhänger noch etwas Passendes einfallen ...

"Schatz, hast du meine Brotdose gesehen?" Am nächsten Morgen stand der Papa in der Küche und steckte den Kopf in den Kühlschrank. "Die steht im Kühlschrank, wie immer!", rief die Mama aus dem Wohnzimmer. "Nein, da ist sie nicht." Papa schloss den Kühlschrank und sah sich ratlos um. "Natürlich steht sie da. Ich habe sie doch gestern Abend selbst hineingestellt." Die Mama war nun ebenfalls in die Küche gekommen. Sie öffnete die Kühlschranktür, musste aber feststellen, dass ihr Mann recht hatte. "Das verstehe ich nicht." Die Mama runzelte die Stirn. Dann wandte sie sich an ihre Kinder. "Habt ihr Papas Brotdose gesehen?" Sarah und Max saßen am Tisch. Die beiden tauschten einen vielsagenden Blick und wandten sich dann ihrer Mutter zu. "Nein, haben wir nicht", sagten sie.

Als Papas Frühstücksdose fünf Minuten später immer noch nicht aufgetaucht war, zuckte Klaus Auermann mit den Schultern und sagte: "Dann hole ich mir eben in der Kantine ein Brötchen." Er ging zum Schuhschrank, um seine Stiefel herauszuholen. "Was ist das denn für ein Quatsch?", rief er plötzlich und kam – die Brotdose in der Hand – zurück in die Küche. Vorwurfsvoll blickte er seine Kinder an. "Habt ihr meine Brotdose in den Schuhschrank gestellt?" "Niemals", sagte Max empört und auch Sarah machte ein beleidigtes Gesicht. "Wieso verdächtigst du uns denn?", fragte Max. Und die Mama wandte erstaunt ein: "Wann sollten sie das denn gemacht haben? Die Brote habe ich gestern Abend geschmiert, da waren die Kinder schon im Bett. Und heute Morgen hat niemand außer mir etwas aus dem Kühlschrank genommen."

Ratlos wandte der Papa sich um. Er ging wieder zum Schuhschrank, um seine Winterstiefel anzuziehen. Nur Sekunden später hörten die Kinder ihn erneut fluchen. "Und was ist das jetzt?!" Sarah, Max und die Mama stürmten in die Diele. Dort stand der Papa vor dem Schuhschrank und hielt seine Winterstiefel in der Hand. Eine dünne, weiße Schicht überzog das Leder. Einen Moment lang schwiegen die Kinder, dann prusteten sie los vor Lachen. Und auch die Mama konnte nur mit Mühe ernst bleiben.

"Was ist das?", fragte sie und fuhr mit dem Finger über einen Schuh. "Mehl", beantwortete sie ihre Frage selbst. Der Papa war völlig verwirrt und sagte gar nichts mehr. Wortlos stellte er die Schuhe ab, holte sich einen alten Lappen und verschwand mit Stiefeln und Tuch nach draußen. Die Mama kehrte inzwischen einen Rest Mehl vom Boden auf. "Da hat Berti sich aber ordentlich was einfallen lassen!" Max musste immer noch kichern. "Glaubst du auch, dass er das war?", fragte Sarah ihren Bruder. "Wer denn sonst? Wir waren es jedenfalls nicht." "Ich auch nicht", sagte die Mama und ging mit der Kehrschaufel zum Mülleimer.

Die Kinder verschwanden in der Küche, um ihr Frühstück zu beenden. Klaus Auermann kehrte ins Haus zurück, legte das Tuch zur Seite und wollte in die Schuhe schlüpfen. "Aua", schimpfte er da und zog den ersten Fuß wieder heraus. Er griff mit der Hand hinein und zog einige Haselnüsse hervor. Kopfschüttelnd stand er da und blickte auf die Nüsse. Vorsichtshalber leerte er auch den anderen Stiefel aus. Eine zweite Ladung Nüsse kam hier zum Vorschein.

Kommentarlos legte der Papa die Nüsse zur Seite, zog die Stiefel an und griff nach dem Autoschlüssel. Die Weihnachtskugel hing immer noch daran. Aber komisch – irgendwie fühlte sie sich merkwürdig an. Der Papa öffnete seine Hand. Die hübsche rote Weihnachtsdekoration entpuppte sich als kleine Tomate. Klaus Auermann blieb einen Moment regungslos stehen und atmete tief ein und aus. Dann ging er in die Küche, löste die Tomate von seinem Schlüsselbund und legte sie auf den Küchentisch. Dann verabschiedete er sich von seiner Familie und fuhr zur Arbeit. "Hoffentlich hat das jetzt gewirkt", sagte Max laut. "Wer weiß, was Berti sich sonst noch einfallen lässt!"

Der Wichtel war äußerst zufrieden mit seiner Arbeit. Der Papa hatte sich zwar geärgert, aber dennoch waren seine Ideen offenbar so lustig, dass die Mama, Sarah und Max noch kräftig darüber lachen konnten. "Ich hoffe nur, er schiebt das jetzt nicht alles den Kindern in die Schuhe", murmelte Berti vor sich hin und lugte aus seinem Fenster.

Sabine und Klaus Auermann saßen im Wohnzimmer, die Kinder waren bereits im Bett. Die Mama hatte sich auf das Sofa gekuschelt und las die Zeitung, der Papa saß in seinem Lieblingssessel. Neben sich auf dem Tischchen hatte er wieder einmal eine Schale mit Erdnüssen stehen. Ab und zu schob er sich eine Handvoll in den Mund.

Klaus Auermann schien nachzudenken. "Sag mal", begann er nach einer Weile das Gespräch, "glaubst du nicht, dass die Kinder hinter den Streichen stecken?" Die Mama ließ die Zeitung sinken und blickte zu ihrem Mann hinüber. "Das denkst du aber nicht im Ernst?" "Sabine, ich bin Wissenschaftler. Es gibt keinerlei Beweise für die Existenz dieser Wichtel." "Nein, wirklich nicht?", fragte die Mama und hob vielsagend die Augenbrauen. Der Papa schwieg wieder.

In diesem Moment konnte Berti einfach nicht widerstehen. Der Augenblick war perfekt. Blitzschnell zog er seinen Zauberstaub hervor und richtete ihn durch einen Spalt seiner Gardine auf die Schale mit den Erdnüssen. Sein Zauber hatte bei Justus neulich so hervorragend funktioniert – er musste es wieder probieren. Berti schloss die Augen und konzentrierte sich. Als Klaus Auermann Minuten später mit einer Hand nach den Erdnüssen greifen wollte, griff er ins Leere. Er zuckte zusammen und starrte auf das Tischchen. Nein, das war unmöglich! Er zog die Schale zurück und nahm sich ein paar Nüsse. Eine Weile passiert nichts. Klaus Auermann nahm die Fernbedienung und schaltete eine Nachrichtensendung ein. Das würde ihn ablenken.

Ab und zu warf er einen Blick auf die Schale. Nichts passierte. Der Papa seufzte erleichtert. Wahrscheinlich hatte er sich alles nur eingebildet. Doch beim nächsten Griff zu den Erdnüssen, war die Schüssel wieder verschoben. Klaus Auermann schaltete den Fernseher aus, drehte sich zu seiner Frau um und sagte nur: "Ich kann es nicht erklären, aber ich glaube, du hast recht."

23

Der allerschönste
Weihnachtsbaum

Das Aufstellen des Weihnachtsbaumes gehört mit zu den schönsten Vorbereitungen auf das Weihnachtsfest. Und wohl jede Familie hat dabei ihr ganz eigenes Ritual. In manchen Häusern schmückt der Christbaum bereits Anfang Dezember das Wohnzimmer, andernorts wird die Tanne erst kurz vor dem Fest ins Haus geholt.

Genauso war es auch bei Familie Auermann. Stets einen Tag vor dem Heiligen Abend holte der Papa den Baumständer aus dem Keller und passte die Tanne an. Stand der Weihnachtsbaum dann am richtigen Platz, befestigte Klaus Auermann die Lichterkette. Danach durften die Kinder zusammen mit den Eltern den Baum schmücken. Traditionell gehörten bei Familie Auermann rote und goldene Kugeln zum Schmuck, außerdem wunderschöne Holzfiguren, Engel und Strohsterne. "Unser Baum ist einfach der Schönste", war sich die Familie ganz sicher.

Dieses Familienritual wurde auch in diesem Jahr fortgesetzt. Am Nachmittag hatte der Papa den Baum aus der Garage ins Wohnzimmer geholt und den Stamm zurechtgesägt. Beim Aufstellen half die Mama und rief ab und zu: "Mehr rechts!" oder "Nein, wieder ein Stück nach links!" Das ging ein paar Minuten hin und her, bis die Tanne endlich kerzengerade im Baumständer stand.

Gemeinsam trug die Familie eine ganze Reihe Kartons und Kisten ins Wohnzimmer. Darin befand sich der Weihnachtsschmuck. Wie immer verteilte der Papa zunächst die elektrischen Kerzen am Baum. Und dann – endlich – durften Sarah und Max mit dem Schmücken beginnen. Aus den Musikboxen waren im Hintergrund weihnachtliche Klänge zu hören. Zur Stärkung hatte die Mama außerdem eine große Schale mit Keksen bereitgestellt, aus der Teekanne duftete es wunderbar nach Zimt und Vanille. Es war einfach herrlich!

Weil die Kinder noch nicht so groß waren, hängten sie die Kugeln, Engel und Sterne vor allem in der unteren Baumhälfte auf. Damit die Tanne jedoch oben nicht kahl blieb, kümmerte sich hier die Mama um die Dekoration. Ganz zum Schluss setzte sie noch die goldene Christbaumspitze auf – fertig!

Begeistert betrachtete die Familie ihr Werk. "Wir haben den schönsten Baum!", sagte Sarah und betrachtete mit glänzenden Augen die festlich geschmückte Tanne. Weil es draußen bereits dunkel war, blieb die elektrische Weihnachtsbeleuchtung am Abend angeschaltet und verbreitete im Wohnzimmer ein wunderbares Licht.

Die Weihnachtsdekoration war wirklich sehr schön gelungen – das fand auch Berti. Nicht selten kümmerten sich die Wichtel selbst um das Schmücken des Weihnachtsbaumes. Aber Berti wusste, wie viel der Familie diese Tradition bedeutete. Deshalb hatte er sich entschieden, sich dabei nicht einzumischen. Der Wichtel saß in seiner Wohnküche und genoss den letzten Abend bei Familie Auermann. Morgen war der 24. Dezember. Sobald der Weihnachtsmann die Geschenke gebracht hatte, würde Berti seine Taschen nehmen und sich auf den Weg nach Hause machen. Aber daran wollte er jetzt noch nicht denken, er erfreute sich einfach an dieser wundervollen Stimmung. Das Licht der Weihnachtsbeleuchtung drang durch seine Gardinen und verbreitete eine zauberhafte Atmosphäre.

Doch auf einmal wurde es schlagartig dunkel – im Wohnzimmer und in Bertis Küche. Begleitet von einem kurzen, aber gut hörbaren Zischlaut, erloschen die elektrischen Kerzen am Weihnachtsbaum. "Oh nein, was ist das denn?" Der Papa sprang aus seinem Sessel hoch und drückte als Erstes den Lichtschalter an der Wand. Dann zog er den Stecker der Lichterkette aus der Steckdose und nahm die Beleuchtung genau unter die Lupe. "Warum ist der Baum aus?" Erschrocken standen Sarah und Max vor der nun gar nicht mehr so festlichen Tanne. "Wahrscheinlich ist eine Glühbirne kaputtgegangen", beruhigte die Mama. "Das passiert schon einmal. Der Papa wird sich das anschauen. Und dann tauschen wir die Birne einfach aus."

Doch so einfach war es leider nicht. Zwar hatte der Papa den Übeltäter schnell gefunden – oder besser: die beiden Übeltäter. Denn es waren gleich zwei Birnen auf einmal kaputtgegangen. Doch wie sich nach längerem Suchen und Kramen im Keller herausstellte, passten die vorhandenen Ersatzlichter nicht zu den Glühbirnen der Lichterkette. "Was ist das denn für ein Käse!" Je länger der Papa an der Beleuchtung hantierte und dabei leise vor sich hin schimpfte, umso besorgter wurden die Gesichter von Sarah und Max. "Müssen wir morgen vor einem dunklen Weihnachtsbaum sitzen?", fragte Sarah. Ihre Augen glänzten verdächtig.

"Nein, sicher nicht." Die Mama nahm ihre Tochter in den Arm und streichelte ihr tröstend über die Haare. "Der Papa bekommt das schon hin. Sonst müssen wir morgen früh noch einmal schnell losfahren und andere Glühbirnen besorgen." "Bestimmt?", fragte Sarah. "Ganz bestimmt!", antwortete die Mama. Klaus Auermann war sich dabei offensichtlich nicht mehr so sicher. Doch er ließ sich den Kindern zuliebe nichts anmerken. "Wenn alle Stricke reißen, kaufe ich morgen eine neue Lichterkette", flüsterte er seiner Frau ins Ohr. Sabine Auermann nickte.

Trotzdem: Die fröhliche Weihnachtsstimmung war erst einmal dahin. Die Kinder gingen in die Küche und aßen Abendbrot. Danach verschwanden sie in ihren Zimmern. Der Papa und die Mama folgten ihnen nach oben. Sie wollten gemeinsam noch eine schöne Geschichte vorlesen, um die Vorfreude auf den morgigen Tag trotz der defekten Lichterkette wiederherzustellen.

Das Wohnzimmer war leer. Berti zögerte keinen Moment. Das war ein echter Notfall. Und obwohl er sich eigentlich vorgenommen hatte, sich nicht in die Baumschmück-Tradition der Familie einzumischen, musste er jetzt handeln. Jetzt sofort! Denn es durfte nicht sein, dass kurz vor dem Fest – sozusagen auf der Zielgeraden – die ganze schöne Weihnachtsstimmung verloren ging. Und das alles nur wegen zweier dusseliger kaputter Glühbirnchen.

Berti griff nach seinem Zauberstab. Er öffnete die Tür seiner Wichtelwohnung und steckte noch einmal prüfend den Kopf heraus. Ja, das Zimmer war leer und dunkel. Der Papa hatte die Deckenleuchte ausgeschaltet. Rasch kletterte Berti die Leiter hinunter und lief zum Weihnachtsbaum. Trotz der zahlreichen Kugeln und Sterne wirkte die Tanne trostlos. Es fehlte einfach der Lichterglanz. Aber das ließ sich ändern. "Wozu besitze ich schließlich Wichtel-Magie?", murmelte Berti.

Er schloss die Augen und bewegte sich nicht. Seine ganze Gedankenkraft konzentrierte sich auf den kleinen, unscheinbaren Zauberstab in seiner Hand. Er hob den Stab und richtete ihn auf den Weihnachtsbaum. Dabei murmelte er kaum hörbar Zaubersprüche in einer fremden Sprache. Auf einmal begann die Spitze des Zauberstabes zu leuchten. Immer heller und heller. Dann begann das Licht sich zu bewegen: weg vom Zauberstab und hin zum Weihnachtsbaum. Das Licht? Nein, plötzlich waren es ganz viele Lichter – und es wurden ständig mehr. Sie schienen durch die Luft zu tanzen, umkreisten voller Freude den Weihnachtsbaum und ließen sich auf den Zweigen nieder.

Von einem Moment zum anderen wirkte die Tanne gar nicht mehr trostlos. Im Gegenteil. Wie funkelnde kleine Sterne erleuchteten die Lichter den Weihnachtsbaum. Es war ein unglaublicher Anblick. Berti senkte den Zauberstab und öffnete die Augen. Voller Stolz blickte er auf den Christbaum. "Jetzt habt ihr wirklich den allerschönsten Baum", sagte er leise und lächelte. Dann blickte er sich rasch um und lief zurück zu seiner Wohnung.

Nach einer Weile kehrten die Eltern ins Wohnzimmer zurück. Als sie die Tür öffneten, verschlug es ihnen einen Moment die Sprache. "Kinder, kommt mal schnell her!", rief die Mama laut. Sarah und Max stürmten im Schlafanzug die Treppe hinunter. "Was ist denn passiert?", riefen sie. Dann erblickten die Kinder den Weihnachtsbaum. "Das gibt es doch gar nicht!" Mit offenem Mund starrte Max zur Tanne hinüber. Sarah ging ganz langsam zum Weihnachtsbaum hinüber und blieb andächtig davor stehen. "So etwas Wunderschönes habe ich noch nie gesehen." Ihr Blick wanderte zur Wichteltür hinüber. "Vielen Dank, Berti!", sagte sie nur. Und Max, die Mama und selbst der Papa stimmten ihr zu.

24

Eine Überraschung für Berti

Die Stunden bis zur Bescherung waren für Sarah und Max kaum auszuhalten. Eigentlich hätten die Kinder ausschlafen können. Doch vor lauter Aufregung war daran nicht zu denken. Bereits früh am Morgen sprangen sie aus ihren Betten und liefen zu ihren Eltern ins Schlafzimmer. "Aufstehen, aufstehen! Heute ist Weihnachten!", riefen sie und zogen ihren Eltern die Decken weg.

"Hey, langsam!", gähnte der Papa. "Nur weil ihr so früh auf den Beinen seid, wird der Weihnachtsmann nicht eher bei uns vorbeischauen." "Ich kann aber nicht mehr schlafen", quiekte Sarah und rannte zurück in ihr Zimmer. "Na ja, das war wohl nichts mit dem Ausschlafen", seufzte die Mama und suchte nach ihren Pantoffeln. "Dann wollen wir mal!"

Traditionell frühstückte die Familie am Weihnachtstag im Wohnzimmer. Dann hatten alle einen wunderbaren Blick auf den geschmückten Tannenbaum. Zur Freude der Kinder und ihrer Eltern leuchteten die geheimnisvollen Lichter immer noch so schön wie am Vorabend. Sarah und Max konnten sich an diesem Anblick kaum sattsehen.

"So, ihr beiden könnt mir gleich helfen", sagte die Mama nach dem Frühstück zu ihren Kindern. Gemeinsam gingen sie ins Schlafzimmer der Eltern. Mama öffnete ihren Kleiderschrank und zog etwas Kleines, Grünes hervor. "Was ist das?", fragte Max. Die Mama setzte sich auf die Bettkante, die Kinder neben sie. Dann öffnete die Mama langsam ihre Hand. "Oh, ein Hemd für Berti!", quietschte Sarah. "Woher weißt du, dass er ein grünes Hemd trägt?", fragte Max und begutachtete das liebevoll genähte Kleidungsstück.

Die Mama erzählte von dem Stofffetzen, den sie vor wenigen Tagen an der Krippenfigur entdeckt hatte. "Ich kann nur vermuten, dass es sich um ein Stück von seinem Hemd handelt. Und ich dachte, wenn jetzt ein Stück fehlt, dann ist ja ein Loch darin. Deshalb habe ich ihm etwas Neues genäht." "Das ist toll geworden", sagte Max und strich mit dem Finger über den weichen Stoff. "Hoffentlich passt es ihm." "Das weiß ich nicht genau. Ich kann seine Größe nur schätzen", antwortete die Mama. "Das passt bestimmt", sagte Sarah. "Aber ich möchte ihm auch noch ein Geschenk machen." Und ihr Bruder rief sofort: "Ich auch!" "Überlegt euch etwas. Dann ist euch auch nicht langweilig", lachte die Mama. "Und packt bitte das Hemd für Berti in Geschenkpapier ein."

Unterdessen war Berti mit dem Aufräumen beschäftigt. Wie immer am Weihnachtstag waren seine Gefühle sehr unterschiedlich. Auf der einen Seite fiel ihm das Abschiednehmen schwer. Auf der anderen Seite freute er sich, die anderen Wichtel wiederzusehen. Und er freute sich auf das Wichtel-Weihnachtsfest. Wenn alle zusammen um den riesigen Baum herum saßen, gemeinsam aßen und sich gegenseitig erzählten, was sie alles erlebt hatten: Das war einfach nur wunderschön.

Doch jetzt war ans Ausruhen noch nicht zu denken. Im Gegenteil. Eine der wichtigsten Aufgaben wartete noch auf ihn. Er musste dafür sorgen, dass der Weihnachtsmann unbemerkt ins Haus gelangen und die Geschenke unter den Baum legen konnte. Denn der Weihnachtsmann wollte ebenso wenig gesehen werden wie die Wichtel.

Der Tag verging und die Dämmerung setzte ein. Die magischen Wichtel-Lichter am Weihnachtsbaum kamen jetzt wieder besonders schön zur Geltung. Familie Auermann hatte sich am Nachmittag mit Tee, Keksen und einer frisch gebackenen Weihnachtstorte auf den Abend eingestimmt. Im Anschluss wurde gemeinsam aufgeräumt. Das Getuschel vor seiner Wichteltür bekam Berti nicht mit. Er war gerade dabei, seine Taschen zu packen.

"Sollen wir ihm jetzt schon unsere Geschenke vor die Tür legen?", flüsterte Max seiner Mutter zu. Die Mama nickte. Der Junge zog seine Schwester am Arm und die beiden verschwanden in Sarahs Zimmer. Kurz darauf kehrten sie zurück. So leise wie möglich legten sie das hübsch verpackte Wichtel-Hemd auf die Bank vor der Tür. Am Nachmittag hatten sie zudem noch einen wunderschönen Weihnachtsbrief für Berti geschrieben und gemalt und ganz klein zusammengefaltet. Auch eine Schale stellten sie vor die Tür: mit Erdnüssen und grüner Paprika.

Zu guter Letzt hatten die beiden zusammen mit Mamas Hilfe einen Weihnachtsbaum für Berti gebastelt. Grundlage war eine kleine Tanne aus Kunststoff, die die Mama eigentlich als Dekoration für die Fensterbank gekauft hatte. Diesen Baum hatten die Kinder weiß angesprüht und einige winzige Sterne aus Goldfolie darauf geklebt. "Die Tanne ist zwar nicht so toll wie unser Baum mit den Zauberlichtern. Aber sie gefällt Berti bestimmt, oder?", fragte Max. "Sicher", sagte die Mama und verließ mit den Kindern das Wohnzimmer.

Es wurde still im Raum. Die Familie hatte sich ins Obergeschoss zurückgezogen. Das machte es Berti besonders einfach. Es war nicht einmal nötig, die Tür von innen zu verschließen. Er musste jetzt nur noch dafür sorgen, dass der Weihnachtsmann unbehelligt ins Haus kam. Berti schlich aus seiner Wohnung. Als er die Geschenke vor seiner Tür liegen sah, wurde ihm ganz warm ums Herz vor Freude. Doch er hatte noch keine Zeit, sich die Überraschungen anzuschauen. Er huschte zur Terrassentür und öffnete sie einen Spalt breit. Dann lief er zurück zu seiner Wohnung und trug die Geschenke hinein. Während er sich genüsslich eine Erdnuss in den Mund schob, las er den Brief von Max und Sarah. Dann öffnete er das Päckchen. Die Freude machte ihn sprachlos. Woher hatte die Familie das gewusst? Berti tauschte sein geflicktes Hemd gegen das neue aus: Es saß perfekt! Der Wichtel schnallte gerade den Gürtel um, da ging draußen auf einmal alles ganz schnell.

In der Dunkelheit leuchteten bunte Lichter auf. Berti vernahm schwere Schritte. Die Terrassentür öffnete sich, etwas plumpste zu Boden. Sekunden später war es wieder still. Berti lugte aus seinem Fenster. Tatsächlich: Der Weihnachtsmann hatte offenbar einen neuen Rekord aufgestellt. Berti huschte wieder hinaus, lief durchs Wohnzimmer und schloss die Terrassentür. Ein kurzer Blick noch auf den erleuchteten Baum und die Geschenke: Ja, alles war perfekt. Der Wichtel zog ein kleines Glöckchen aus seiner Tasche. Länger wollte er die Familie nicht warten lassen. Der helle Glöckchenklang war bis ins Obergeschoss zu hören. Dann huschte Berti in seine Wohnung.

Während die Kinder im Wohnzimmer begeistert ihre Geschenke auspackten, griff Berti nach seinen Taschen. "Fröhliche Weihnachten", lächelte er. Und er verschwand genauso still und heimlich, wie er am 1. Dezember gekommen war.

Schlusswort

Liebe Kinder,

in diesem Buch habt ihr jede Menge über die Wichtel erfahren – vor allem über einen ganz besonderen Wichtel namens Berti. Tag für Tag habt ihr ihn begleitet. Ihr habt seine Ankunft mitverfolgt und bei seinen Abenteuern und lustigen Erlebnissen mit der Familie mitgefiebert. Und natürlich wart ihr dabei, als Berti sich am Heiligen Abend wieder auf den Heimweg gemacht hat.

Den Kindern Max und Sarah ist Berti in den vergangenen Wochen richtig ans Herz gewachsen. Und möglicherweise geht es euch genauso. Doch ihr wisst ja: Berti ist nur einer von vielen Wichteln, die in der Adventszeit bei den Menschen wohnen. Daher kann es gut sein, dass auch bei euch zu Hause längst eines dieser liebenswerten Wesen eingezogen ist. Vielleicht habt ihr es noch gar nicht bemerkt.

Sollte also eines Morgens unerwartet eine Schale mit köstlichen Keksen auf eurem Küchentisch stehen oder sollte jemand ganz heimlich euer kaputtes Lieblingsspielzeug repariert haben, dann könnte durchaus ein Wichtel dahinterstecken. Lasst euch einfach überraschen!

Wir wünschen euch einen wundervollen Advent. Genießt gemeinsam mit eurer Familie den Zauber dieser ganz besonderen Zeit!

Impressum

Deutschsprachige Erstausgabe 2022

© 2022 Ida Brunner

Jens Steingröver / Dannhalmsburg 27 / 26441 Jever

Lektorat: Heidi Hofmann

Illustration & Bilder: Für alle Bilder und das Cover liegen die Lizenzen vor.

Herstellung und Verlag: 1. Auflage Gutfreund Verlag

Taschenbuch ISBN: 978-3-910272-05-7

Hardcover ISBN: 978-3-910272-06-4

Printed in Poland
by Amazon Fulfillment
Poland Sp. z o.o., Wrocław
03 November 2022

dcb2ed4d-e6d9-4d3b-b5fc-364f67411502R01